介護福祉教育原論

介護を教えるすべての教員へのメッセージ

一般社団法人 **介護福祉指導教育推進機構** 監修

日本医療企画

はじめに

　　　　　　　　　一般社団法人　介護福祉指導教育推進機構
　　　　　　　　　　　　　　代表理事　黒澤　貞夫

　現在、わが国の直面する超高齢社会において、介護職員の質の向上と人材の量的確保が急務とされています。しかし、後者の人材の量的確保に目が向けられることが多く、介護職員の質の向上については、十分に関心をもって取り組んできたとはいえないのが実感です。
　その理由の一つには、「介護」という職務が生活支援中心であるがゆえに、生活経験のある者ならば容易にできると捉えられていることが挙げられます。

　そうしたなかで、2013（平成25）年、「一般社団法人 介護福祉指導教育推進機構」が設立されました。
　本機構の目的については、定款第3条において「介護福祉に従事する人材の量的確保と質的向上をめざし、教育研修のさらなる充実を図るために人材育成に関する事業を行い、わが国の介護福祉サービスの発展に寄与する」(以下略)と定めています。すなわち、本機構の事業は介護福祉に従事する人材育成に関する事業を指します。
　本機構の目的は、わが国の社会福祉の基本的理念に沿っており、この理念をいかに実現するかは、生活の場で実践する介護職員の人材育成にかかっています。
　つまり、法の理念や制度が市民の生活によりよく実現するためには、そこに働く介護職員の質の向上が伴わなければならず、そうした介護職員の教育を担う教員の養成・支援は、その理念の実現のために重要なこ

となのです。
　それでは、人材育成のために必要な視点や考え方には、どのようなものがあるでしょうか。ここでは、大きく6つの視点を挙げることにします。

①介護の原点について学ぶ
　介護人材の育成は、介護教育はいかにあるべきかを深く考えることが必要であり、その前提として、介護は「介護職員と利用者との人間関係」を基盤としていることを改めて自覚することが必要です。

②介護を通して人間的に成長していくことを学ぶ
　介護職員には自分の仕事に誇りと責任をもつことが求められています。こうした感情は、介護を通じて自己の人間的な成長を自覚することから生まれます。
　介護職員は、日々介護を実践しており、その積み重ねが人生になるため、介護職員は自己の人生の生きがいを、介護を通して自覚していきます。そのためには介護職員は自己の業務をよく理解することです。
　利用者の気持ちを察して、ともに人生という旅に同行する伴侶でもあると思えるようになるためには、介護職員は利用者への尊敬と共感の念をもって人間関係を形成する必要があります。

③介護の理論と実践の融合について学ぶ
　介護教育は、教室における講義が基礎教育となりますが、講義で学んだことを実践と融合させることによって介護教育が体系的になります。実践の具体例としては、事例に取り組んでいくことで、そこから普遍的な生活課題や人間理解の共通項を学ぶことができるのです。

④介護における生活の理念と人間理解を学ぶ
　介護職員の人間的成長は、自らの人間性を高めることです。また、利

用者の心の理解は、自己の心を自覚することに対応していくことです。つまり、自己の心が貧しくては、利用者への理解が十分にできるとはいえないのです。介護職員の心は利用者への気づかいといっていいでしょう。

このような利用者との関係性は、さまざまな経験や学びを通じて自ら創っていくものです。そして、自らの心は利用者への態度によって示され、その態度は普段、介護について何を考えてきたのかに影響されます。

⑤介護における人間の文化について学ぶ

介護教育における生活の理解には、その地域の文化的特性を知る必要があります。介護職員も利用者もそれぞれある時代のある地域に生まれ文化的土壌のなかで育っています。

したがって介護職員は、利用者の文化的背景を理解して、現在における人格的な個性を尊重していく必要があります。そして、文化のさまざまな形から、そこに社会を形成する人間生活の考え方、すなわち人間の思想が根底にあることを学ばなければいけません。

⑥介護は人権思想を根拠としていることを学ぶ

介護教育は、人間の尊厳と自立を介護の基本としています。つまり尊厳と自立を支える介護であるということです。

人間の尊厳については、わが国の日本国憲法第13条や世界人権宣言第22条にも示されています。

介護教育の思想的根拠は、世界の人々が人間の尊厳と人格の自由な発展という共通の理念的価値のうえにあります。つまり、介護教育は、人類普遍の人間性の尊重という原理のうえに展開されていくものなのです。

介護職員研修の入り口となる初任者研修教員をはじめ、介護福祉教員の養成や支援にかかわる事業の取り組みを通じて、わが国の介護福祉サービスの発展に寄与できることを切に望みます。

Contents

はじめに……………………………………………………………… 3

特別座談会１
介護とは〜人々の人間らしい生活保障の一環として存在する
　　　　　　　黒澤貞夫／久保田トミ子／柴田範子／木村久枝
……………………………………………………………………… 7
座談会を振り返って
介護の本質を考え、自己を見つめ直す —黒澤貞夫—
……………………………………………………………………… 26

特別座談会２
介護専門職としての職業観……………………………… 33
　　　　　　　瀬戸恒彦／白井孝子／松井奈美／林諄
座談会を振り返って
職業観を成長させるための仕組み —白井孝子—
……………………………………………………………………… 52

特別座談会３
介護における教育者像…………………………………… 59
　　　　　　　黒澤貞夫／白井孝子／木村久枝
座談会を振り返って
未来に拓く介護福祉教育 —木村久枝—
……………………………………………………………………… 78

理事及び座談会参加者プロフィール………………… 84

巻末資料……………………………………………………… 93
　介護福祉指導教育推進機構について ……………… 94
　介護職員初任者研修　講師要件一覧 ……………… 101

介護福祉指導教育推進機構　特別座談会

座談会1
介護とは
〜人々の人間らしい生活保障の
　一環として存在する

【座談会参加者】
黒澤貞夫代表理事／久保田トミ子理事／柴田範子理事／木村久枝理事

介護福祉指導教育推進機構 特別座談会

> **座談会のポイント**
>
> 　現在、介護現場では介護職の方々が、一人ひとりの個別性を踏まえて利用者と向き合い、その使命・責任をしっかりと果たしているのかどうかが問題になっています。
> 　このような問題の解決のために、介護現場をよく知る識者の方々が「介護の本質」「心の介護」を問い直し、現場における「人間らしい生活の支援」「仕事のやりがい」「価値の見出し方」といった問題の解決策について討論します。

キーワード
- 介護職の誇りと責任　・自己成長への喜び　・利用者の個別性
- 信頼関係の構築　・医療・看護との連携

自立と尊厳を踏まえて生活を支援する介護

1 その人らしい生き方に関わる介護職の誇り
（1）介護の誇りと責任をどう伝えるか

黒澤　私は介護に携わる人に今いちばん欠けているのは、仕事に対する「誇り」ではないかと思っています。高齢社会にあって、国は人権尊重の理念に基づいて人々の生活支援を行うとしており、その一端を担う介護職には大きな社会的使命があります。また、介護職には専門的職業人としての責任が求められます。社会的使命を果たすために専門職であることが要求され、知識や経験をもっていることで果たしうる責任がある、そこに誇りも生まれるのではないでしょうか。

　ところが現実には、職業としての介護に誇りをもてない人がいます。介護に対するコンプレックスがあるのではないかと思いますが、いか

1 介護とは
~人々の人間らしい生活保障の一環として存在する

がでしょうか。

久保田 介護の仕事とは、「仕事を通していくつもの人生に関わりをもって生きられる」「こんな生き方や考え方がある」と発見できる仕事です。私はこんな素晴らしい仕事はないと思っています。社会的使命もありますが、自分の人生を豊かに生きるという意味においても、介護の仕事には魅力があります。高齢化が進む中で、介護の仕事は時代からも社会からも求められています。

　ただ、初任者研修などで指導する立場の人自身が介護に魅力を感じていないと、その魅力は教えられないし、介護という仕事の本質は伝えづらいだろうと思いますね。

木村 介護は生活の支援なので、人生経験の少ない若い学生は苦手意識が働くかもしれません。そうではなく、介護は「その人の生活の質を高める」ものであり、そのやり方、しくみに魅力があるということを学生に伝えられたらよいと思います。人間の生活とは何だろうと考えたときに、人間にはいろいろな生活があることを知り、バーチャルではない本当の世界に戻していく、さらに生活の質を高めていく、それが介護という専門職の魅力だと言えればよいのではないでしょうか。そこには責任があり、それが誇りにつながるのではないかと思います。

柴田 介護とは何かがわからずに現場で働き始めると、ほかの方に迷惑をかけないために「事故を起こさないようにする」ようです。人を観るというよりも、介護職員として「してはいけないこと、あってはいけないこと」が優先するわけです。しかし、介護の場にいる自分自身の気持ちに余裕ができて「この人はこういう人なのだ」と、その人の暮らしや特性に気づいてくると、事故を起こさないことも大切だけれど、その人の生活の価値観やリズムを理解して生活の質の向上につなげていくことが介護なのだとわかってきます。その気づきがあれば仕事への誇りと責任感が生まれるのではないでしょうか。

（2）自分が成長できる喜びを発見できる

黒澤 介護教員が高校等を訪問した際に、このような介護職の本質に関わることを語っているでしょうか。むしろ、エビデンスや分析の話ばかりになっているのではないかと思います。介護の本質や誇りについて、知っている人とそうでない人のギャップがあるのではないでしょうか。

久保田 三大介護（食事、入浴、排泄：編集部注）のようなことばかりが注目され、表面的に大変というイメージのみで敬遠されていると思います。介護を学ぶ人に、「介護とは、人との関わりを通してその人が幸せになれるように考えることが大切である」とか、「介護には想像力が必要であり、とても深いものがある」ということが伝えられていないと感じます。

　介護の実習は、人間として成長できる場です。学生は、人との関わりを通して「相手が気持ちよくなることで自分もうれしくなる」と実感し、人間として成長します。学生が介護実習での感動体験を俳句や短歌などに表現したものを、前任校で「介護文芸集」として発行していました。学生が、介護現場の経験で何を感じ、どのように人間的な成長をしているのか高校の先生方にお見せして、介護に対する理解をしてほしいと思いました。人が幸せになることを助けることの喜びは、誇るべきことですね。本質的な理解を促さなければいけないのに、表面的なことだけが世間に流れることにはむなしさを感じます。

黒澤 ミルトン・メイヤロフは『ケアの本質』という本の中で「介護は自分が成長する」「自己実現するところに本質がある」と述べています。まさにその通りなのですが、それが忘れられています。

　誇りは、自分が成長していくことにあるとも言えるでしょう。自分が素晴らしいと思わなければ意味がないのです。私も講演などで自分の経験を語りますが、要介護者や障害者から学んだことは多く、そこに喜びを感じるのです。

1 介護とは
~人々の人間らしい生活保障の一環として存在する

木村 最初から仕事に誇りをもつことは難しいでしょう。学生が成長過程の中で身につけていくものだと思います。ある男子学生がグループホームに実習に行ったとき、これまで誰かとお風呂に入ろうと言ったことがなかった男性の利用者が、その学生には「一緒に入ろう」と言ったそうです。そこから関わりが生まれてきます。帰宅願望のある人が「この人がいるから、自分はここにいる」と言ってくれる場合もあります。それこそが実践の中から得られる誇りです。介護とはそういう仕事、と気づく資質も重要です。

久保田 自分の存在が役に立つと実感したとき、誇りが生まれるのですね。

柴田 現場で「この人が喜んでくれた、今までより表情が豊かになった」とわかると、学生はそれを一歩前進させるにはどうすればよいのかを考え始めます。そして、学校で学んだことを振り返り、考え、次の行動に移していくわけです。それは関係性の改善にもつながります。最初は知識不足で介護に不安を感じる。不安や失敗も学ぶ。経験を振り返ることができれば、前へ進む一歩につながる。その繰り返しで学生自身が成長していくという展開になると思います。

黒澤 介護を学び、実践する過程において人は成長するということですね。ケアマネジャーが「アセスメントは課題分析だけですか」と聞いてくることがありますが、利用者を理解して自分が高められるという点にもっと目を向けるべきでしょう。

黒澤貞夫代表理事

11

2 個別性の中にある本質を見る
(1) 個別性にどう対応できるかが重要

黒澤 介護の実践は利用者一人ひとりとの関わり、つまり個別性ですが、個別の中に本質があると思います。実践が伴わないとその本質はわからないでしょう。この点はいかがでしょうか。

久保田 実践の中に本質ありきですね。デイサービスで職員が利用者に関わる姿を見ていると、「これはケアだ」「これは作業だ」と思うことがあり、何故私はそう思うのか自問自答していました。具体例をあげますと、認知症で要介護3の男性がいて、昼食後にその人は梅酒を飲んで昼寝します。他の利用者は食後のコーヒータイム。あるとき昼寝をしていたその男性が、すぐに起きてきました。そこに通りかかった職員は「あ、○○さん、コーヒーよ」と声をかけました。彼のリズムを心得ていれば「なぜ起きたのかな？ きっとトイレだろう」と想像できますよね。実際、そうでした。彼にとって今はコーヒータイムではないにもかかわらず、その職員はそれに気づかなかったのです。介護にはみんなの時間と個の時間があることを見ていかないと、やっていることが単なる作業になります。それはケアではない。個別をどこまで理解できるかがポイントだと思います。

柴田 同様の事例があります。ある人から電話があり、「デイサービスに通っている認知症の兄がいつも腹を立てて帰ってくるので、認知症の人の行く施設に行くようにしたらとても喜んでくれた。けれども、ある日もう行きたくないと言い出した」と言うのです。調べてみると、その日はグループで何か楽しいことをしていたのですが、施設ではその人に個別ケアしていました。それに対して彼は「なぜ自分を仲間に入れないのか」と腹を立てたようです。個別ケアとは、ただその人に個別に関わればよいということではなく、一人ひとりにきちんと向き合い、そのとき何を求めているのか、何を楽しいと思うのかを踏まえた個別化でなければならないという問題ですね。

1 介護とは
~人々の人間らしい生活保障の一環として存在する

久保田 「この人はこうだから」と決めつけるのではなく、そのときの雰囲気から「今はどうだろう」とキャッチできるかどうか、その微妙な動きを感じ取れるかどうか、そこで介護する人の感性が問われますね。

黒澤 私自身も何かしらのサークルに行くことがあり、そこには経験の深い人浅い人がいますが、自分が大事にされているという雰囲気があればまた行こうという気になります。すなわち、

久保田トミ子理事

すべての人間に尊厳があることを理解し、一人ひとりを大切に見てあげるという姿勢があるかどうかでしょう。「本質的に個別だけれど、他人との関わりの中においての個別の対応ができているかどうか」ということだと思います。

木村 たしかに、一人ひとりに関わることで個別ケアが生まれてきます。その人が何を求めているかを言動から読み取る力がないと「この人はこうだから」という判断しかできません。相手を基準にすることが本質だと思います。

柴田 個別ケアというと、その人しか見ないことに陥りやすいですが、周りの状況も含めて考える、難しいけれどキャッチすることが大事です。

久保田 それは感性の問題であり、感性の鈍い人には手を変え品を変えて教えていくしかないでしょう。

木村 同感です。言ってわからない人には、実習なり仕事の中でそういう姿勢を見せることが必要だと思います。

柴田 たしかに、なかなかわからない人には、同じ場面を再現して自分

がどう感じたかを言葉で伝え合うロールプレイも必要です。これまでの人生経験がその人をつくり、硬い殻をかぶったままで初任者研修に参加している男性が少なくなく、人に関わろうとするときは、「笑顔を見せてください」などと確認して繰り返さなければなりません。

(2) 見えない本質を学ぶ大切さと難しさ

黒澤 今の教科書では「個別ケア」と言っていますが、多角的にものを見ることを教えているでしょうか。検査・測定・診断だけで人間をわかると思う人もいるようですが、見えないところにこそ人間の本質があるので、相手を総合的に見ることの重要性を教えることが必要ではないでしょうか。

久保田 人の心は見えませんが、その見えない本質が一番大切です。ただ、それはなかなか教えにくい、伝えづらいことだと思います。

木村 先ほどの話にもありましたが、その本質が、わかる人には言わなくてもわかる、わからない人には言ってもわからない。これをどう教えるかが非常に難しいところです。

柴田 介護技術を習得する段階では「からだを起こす」という動作も元気な人どうしでやっているので、個別性が発生しません。しかし、実際の介護現場になると、相手は何らかの支援を必要としており、見守る視点が必要になります。そこから少しずつ感じ取るのだと思います。実習に行くと介護する人が育つ、とはそういうことでしょう。

久保田 たしかに実習はいちばん

柴田範子理事

伸ばせるところ、介護教育の核といえる部分です。しかし、初任者研修では実習がなくてもよいことになっていますから、それが問題です。技術として行うことにどういう意味があるか、実際にやったことをベースに、技術に意味づけをすることで育つのだと思います。

黒澤　実習に行くと利用者に声かけをしますが、実は一番大事なのは介護職である自分自身に対して「これはどうしたらいいのか？」という声かけを行うことです。いくら利用者に問いかけをしても、自分自身に対する問いかけがなければ人は成長しません。学校教育の場面ではありませんが、現場で困ったときに自分に問いかけると人は成長します。手がかりがないけれども、気づきが大事ということでしょう。

久保田　学問とはそもそも疑問を問い、問いを学ぶということです。相手に対して問いが出てくる場面、自分に問いかける場面など、実践には問いがたくさんあります。そこに身をさらすことから多くを学ぶのだと思います。

③ 利用者との信頼関係をどう築くか
(1) 相手に寄り添うことで生まれる信頼関係

黒澤　よく「利用者から学ぶ」と言いますが、これはどういうことだとお考えですか。また、介護には相互の信頼関係がなければいけないわけですが、信頼し合うとはどういうことでしょうか。

　私も昔、ある聴覚障害の子の対応で途方に暮れた経験があります。経験が長くなると職業訓練も含めて信頼関係が生まれてくるものですが、この子に関しては指導課長もカウンセラーも信頼されていませんでした。ところが、その子がクリーニング技術を学んだとき、講師であるクリーニング店主を頼っていました。そこには信頼関係があります。品格などという言葉もありますが、実は平凡なことの中に真理があると思いませんか。

久保田　そのクリーニング屋さんがその子に対して親身になってくれた

のでしょう。

木村 利用者にとっては、自分の求めるものに関わっている人が信頼できる存在になるのでしょう。饒舌(じょうぜつ)な人がよいかというと、必ずしもそうではない。その見極めは難しいですね。

柴田 たとえば、そのクリーニング屋さんがアイロンをかけるとしわ1つ残さないなど、何かその子が「すごい！」と感動できることがあったのだと思います。理屈ではなく、関わり方や感動できる何かが混じり合いながら信頼関係が築かれると思います。

黒澤 ある精神科医が著書の中で、幻覚や妄想に苦しんで生きている患者に対して「がんばっているな」と共感することがあり、それは患者に対する尊敬の念だといいます。その患者の人生の旅がどうなるかわからないが、大事なのは、そばにいて一緒に旅をしてあげることではないか、との趣旨が書かれています。

久保田 とても素朴なことですが、こちらに知識がありすぎて答えを用意していると、信頼関係は生まれてきません。そうではなく、今の苦しさをわかってほしいという相手の思い、相手の痛みに耳を傾けられるかどうかが大事ですね。向き合うのではなく、そばにいることが肝心です。

木村 相手に寄り添うということがわからないと、介護はできません。

久保田 その人の主体的な生き方、こう伸びたいというのを邪魔しないことがケアだと思います。その人が日々、選択しながら自分の人生を歩めるように支援することがケア。あくまでもその人が主役であり、介護する人はあくまでも脇役です。利用者に対して、「こうしなさい」と采配するのは誤りです。

黒澤 信頼関係とは相手を支配するようなものではなく、必要な支援はしつつ最後はその人が生きていることを尊重するところに生まれます。自己決定というと「今晩は何を食べるか」などいちいち尋ねることにこだわりがちですが、いちばん大切なことはその人が生きる力に

関わる「自己決定」です。そこを思い違いしていることが多いのではないでしょうか。

(2) 人間の深さ、生と死に関わること

柴田 ある精神科医が患者の自宅を訪問して患者の表情が全く違うことに気づきました。病院で見る姿が本当のその人なのか疑問をもつようになったそうです。その人の生活ぶりを見て医師が何か感じるようになる。その中で関わりができていきます。

黒澤 医師は通常、患者を素材としてみる、そうしなければ判断・治療ができないことがある、しかし在宅になると患者を人間として見ざるを得ない、優秀な医師は患者を人間としてみることが求められている、とある医師の論文にありました。介護の仕事はまさにそういうもので、今の問題はやはり理屈だけで割り切れない本人の気持ちをどうみるかという点にあると思います。介護は、人間の深さに関わるという畏敬(いけい)の念がなければならないのです。

久保田 私ごとですが、数年前に80歳を越える母が、通っていたデイサービスでおやつに出されたビスケットを喉に詰まらせて、救急車で病院に搬送されました。医師からは、誤嚥性肺炎が起こっているため経口摂取は危険であるということで、胃瘻の造設をすすめられました。医学知識のない弟は、医師が母の安全を考えて判断したのだからと承諾しようとしました。母の認知機能は落ちていましたが、私は母に「口から食べると危ないので、胃に穴をあけて栄養を入れたほうが安全とお医者さんが言っておられるよ。どうしたい？」と問いました。母は、首を横に振りました。

　高齢の患者が増えた医療現場で、このような出来事が起きていると思われます。本人や家族は初めてのことに戸惑い、冷静な判断ができないと思います。介護に携わる者として人間の生から死までのありようをどう支えるか、さまざまな状況に直面したとき利用者や家族が冷静に判断

17

できるようにサポートできるかの力量が問われると思います。

木村 口から食事ができなくなると医師は経管栄養をすすめますが、本当にただ栄養をとれればよいのでしょうか。その人にとって栄養がとれる方法がほかにあるのではないか、介護で日頃から関わっていると見えてくることがあります。

柴田 私の関わる施設でも、通常の食事もできない状態の人が、あるとき職員に支えられてトイレから出てきて、調理場に置かれていたカボチャの煮物をさっと手に取って食べたことがありました。カボチャの煮物が大好物だったのです。その人は、それから1か月後に亡くなりました。人は亡くなる寸前まで計り知れない力をもっている、ということを私たちは忘れがちで、「口から食事ができなくなったらこういう栄養を与えなくてはいけない」と思い込んでしまうのではないでしょうか。

久保田 現代は、人間が自然に死ねない時代といわれています。人工的に生かされている場面をしばしば目にします。医療のありようも含め、生活の視点からいかに生きていかに死ぬかを、生活者として議論することが大切だと思います。

黒澤 在宅医療の医師も、普段の関わりの中でよく観察し、説明することの重要性を説いています。ただ書類を書いてサインするだけではいけないと。

　結局、介護の仕事は現代の科学では解決できない問題も含めて、人間と生命への畏敬、全般的な価値観を含めてみていく仕事といえるでしょう。

　価値観、信念、思想にはエビデンスがなく、数学的計算もできないため、これまで学問の枠外に置かれてきました。しかし最近では、どうやったら人間の生活がよいものとなるか、悩みながら進んでいくことが重要である、計算できないものを人間の英知で何とかするのが学問である、という外国の学者もいます。ただ、日本のリーダーはそう

語っていないように思えます。
久保田　クオリティ・オブ・ライフ（生活の質）だけでなくクオリティ・オブ・デス（死の質）まで支える介護ほど素晴らしいものはありません。質的な豊かさ、幸せは数字では計れないのです。
木村　介護をしていて利用者から「自分の最期は君に任せる」といわれることが究極の信頼関係だと思います。家族以上に利用者に関わり、利用者を理解して寄り添っているからこその信頼関係です。
柴田　その人を見る力をもって、自然な姿を尊重することが何より大事だと思います。
久保田　老いや死は自然の摂理です。そこにおいて生命あるものに寄り添うのが介護の本質だと思います。病院死が多くなる中で、職員も含めて人間として学ぶべきことが学べていないのではないでしょうか。

4 尊厳と自立を全面的に支援する介護
(1) その人らしい生き方を尊重するのが介護
黒澤　人間の尊厳と自立について考えたいと思います。東京大学のある先生が死の宣告をされたとき、どう生きようかと悩んだが、結局は日々を一生懸命生きることだと思ったそうです。生きることだけが死に対する解決策ということで、その人は東京大学の改革に尽力しました。
　では一般の人はどうよく生きるか。たとえば認知症や重い病にある人の尊厳や自立をどう考えますか。高齢になったら自立はできないのか、認知症になったら尊厳がないのか、今の介護教育でははっきりしていません。
　自立には深い意味があると思いますが、それについて詳しく書いている本もありません。自立とは、死の瞬間まで人間らしく生きる意欲だと思います。
木村　その人の置かれた状況の中で、「やりたいことができること」が尊厳だと思います。その人らしく生きること。

医療は、その人がやりたいことを制限してしまいますが、介護は制限してはいけないと思います。外に出たいというなら出てもらえばよい、家に帰りたいというなら帰ってもらってよい、帰れないならその環境を家のようにしてあげればよい。それがその人の尊厳を尊重することだと思います。

木村久枝理事

黒澤 老いや病の中でその人のことを本当に考えてくれる人がいるかどうか、これは大きな問題です。それこそが介護職の誇り、責任であり、そういうことを考えた職業はほかにありません。介護教育には深い意味があるのです。

柴田 事業所には最重度の方が自宅から通って来ます。その人に関わる中で名前を何度も呼び続けると、本人がニコッと笑うことがあります。人と関わることが本人の生きている証。言葉では表現できないけれど、そのニコッと笑う表情、それは例えようがないものです。

久保田 「自立と尊厳」と言葉で言ってしまえばそれだけですが、そんな薄っぺらなものではありません。介護の実践の中でさまざまな人生に接して自立と尊厳をかみくだいていく、そこではスピリチュアリティを問われると思います。

黒澤 技術革新の時代では、科学技術が人を幸せにすると考えられ、スピリチュアリティは重視されませんでしたが、今は学問にもスピリチュアリティが求められています。その大きな流れの中で介護の必要性は高まっています。使命感と誇りをもって語るべきであると思います。

久保田 自然科学とか人文科学という学問領域ではなく、学際的（いく

1 介護とは
～人々の人間らしい生活保障の一環として存在する

つかの領域にまたがって研究すること：編集部注）な領域が介護の仕事ではないでしょうか。既存の学問を横に束ねて人間生活におく、従来の学問形態とは違うと思います。

(2) 利用者を中心に、医療と連携する重要性

黒澤 今おっしゃったような視点はまだなじんでいないので、これから後輩に伝えたいですね。「学際的」という話から医療と保健と介護・福祉の連携について話し合いたいと思います。

　医療と保健の連携は問題ないようですが、医療と介護・福祉の連携、また保健と介護・福祉の連携はどうすればよいのでしょう。連携が成り立つための条件を考えると、連携とは専門領域をもった人の集まりであり、介護もケアプラン作成など固有の専門性をもっています。その中で、チームワークをどう考えるべきでしょうか。

久保田 学生には、従来の「医師が上に立つ」という図式ではなく、利用者が中心にいて健康的にその人らしく生活できるようにすることが大事、と教えています。そばに寄り添う介護者が観察している内容を医師に報告する、それによって医師は適切な判断ができたという例があります。日常的には介護の人がいて、必要に応じて医師が加わるなど、利用者本位に考えて連携しなければいけません。

　たとえば、ある利用者が発熱したので肺炎を疑って病院に連れて行ったところ、医師は「この時期だったらまずインフルエンザを疑うべき」と言います。そのとき介護者は医師に「肺炎の可能性があるのでレントゲンを撮ってください」と言えないのです。結局、インフルエンザの検査をしてもマイナスなのにタミフルを処方され、この時期にマスクをして来なかったと医師に叱られる。これでは信頼関係は築けません。「今の利用者の状況はどうなのか」ということについて、医師と介護者は対等な関係にあるべきなのですが、現実には対等な関係性は難しい。

21

しかし、介護者がいちばん寄り添っているのだから、利用者に不利益にならないようにしなければいけません。そこで大切なのは、教育です。岡山大学では、他大学を含め、医学部、看護学部、法学部、社会福祉学部、介護福祉学科の短大や専門学校などの学生が一堂に会し、専門職連携教育をしています。基礎教育段階から他の専門職を知り、連携の必要性を理解しておくことが大切だと思います。

木村　施設でも、看護師と介護職が互いに相手を否定する場面がありますが、それでは連携できません。相手の考えを受容し、共感することも教育の一部です。

黒澤　昔は介護福祉制度もなく、大変な身分制度でした。現在はどちらが上、下ということではないし、医学が生活の場を支配することでもない。チームだからそれぞれは違う領域であり、学問体系も違うのです。

柴田　ある新聞記者に「ケアマネジャーのほうが介護現場に近いのに、医師の質問に適切に答えられず医師の言うとおりにしか動けない、という事実をどう思いますか」と尋ねられたことがあります。「その人がもつ力量によってうまく伝えられないことがあるかもしれない。できる範囲で答えても理解しようとしてもらえないのなら、私なら医師を変えます」と答えました。チームメンバーになる人同士が同じ目線に近づけることが大切だと思います。

久保田　医療の中に生活があるのではなく、生活の中に医療がある、これを忘れてはいけません。

(3) 論理的思考に基づき、意見を述べることを教える

黒澤　人生の過程であることを哲学的に理解してほしいですね。医師のデータはたくさんありますが、データだけで判断するわけではありません。医師の健康データと家族の想いは一致しません。介護の過程では「医師はこういう意見であり家族はこういう思いであるから、それを基にこう判断した」という論理的学問です。その人の症状がどうか、

1 介護とは
～人々の人間らしい生活保障の一環として存在する

データを読み取る人が必要であり、その専門性、総合的に判断するのは介護職であるはずです。しかし、それを総合的に判断する学問がないというか、専門性が低い。それは今後もっと主張すべきではないでしょうか。

久保田 山口県で年1回行われている「介護保険大会」において、介護に関与するあらゆる職種の人が発表する事例の中に、「利用者が目の焦点が合わなかったり、涎が出たりするのは薬が関係しているようだ」と考え、医療に対する事実の情報や生活のしづらさを述べて「薬を見直してほしい」と訴え、医師が薬を見直し薬を減らした結果、利用者の目の焦点も合って状況が改善してきたというものがありました。生活の視点から見ていくこと、お互いに利用者の生活を思って連携すれば、よりよい生活につながるはずです。医師も処方箋を書くだけでなく、利用者のことを考え、介護の専門性を理解して連携するという時代にならなくてはいけないと思います。

柴田 介護する人も、医師や周囲に遠慮せずにきちんと伝えることが求められると思います。どうしても一歩引いてしまいやすいので、その人の日々の生活はよく知っているのだと、自信をもって報告しなさいと教える必要があります。

黒澤 東日本大震災の後で、自衛隊の用意したお風呂を利用する際に介護職が利用者を抱いて入れてくれたそうです。

　どの専門職も大事ですが、生活に寄り添う仕事は介護する人が担っています。人間の生活に関わるチームワークでは、状況に応じて誰が優位かは違います。人間性が基本にあり、それぞれの価値を認めることが重要といえるでしょう。

　介護教育における基本的な課題は、介護を伝える人・教育する人に信念と情熱があるかどうかです。第一の要素は、教える人の「これを伝えたい」という想いであり、教育者が情熱をもたなければいけない。技術は否定しないし、難しいことは事例や実習があればなおよいので

すが、教育者として何を伝えたいかが大切であり、それを語ってほしい。そうすれば雨が地面にしみこむように学生にもわかるようになるはずです。

座談会を振り返って

介護の本質を考え、自己を見つめ直す

　　　　　　　　黒澤貞夫（日本生活支援学会会長）

□介護とは何かを語り合うことの意義について

　この座談会では、「介護とは何か」というテーマに、介護の本質が語り合われました。介護の仕事や教育に従事していると、時折「介護とは何か」と思うことがあります。こういうときには、介護に関わっている自分を見つめるいい機会になります。つまり教育においては、学生や受講生に介護の魅力をどう伝えるかを考えるとき、あるいは介護に従事していて、自分の生きがいを介護に求めているとき、その介護はいったいどのようなものかを自覚したいと思うのです。

　このような思いは、自分の仕事に誇りと責任をもちたいという意味で、すべての人がなんらかの形で抱いているものです。たとえば、農業従事者はよい作物を育てることを通じて、販売業者などは商品の売買に通じて、国民の生活を幸せにすることに貢献しているという自覚です。

　ここで、今一度「介護とは何か」と考えることにより、その意義を理解し、教育や実践に誇りと責任をもつことができるのです。

□その人らしい生き方に関わる介護職の誇りについて

　介護とは何かの問いに、私は、その人らしい生き方に関わる仕事であると答えます。これは、とても難しいテーマですが、まず、現実の生活上の課題（生活課題）から考えていくのです。

　人は、老い、病気、心身の障害などに起因して食事、入浴、排泄等の生活動作が不自由になり介護が必要となります。このことは、利用者の生活や社会活動において、これまで当たり前にできていたことができなくなったわけですから、不安、悲哀、絶望などの人間的な課題を抱えることにもなります。しかし、人はこうした生活課題を克服して、新たな

生活をつくることになるのです。また、介護はこれらの生活課題の解決の過程に関わっていくのです。

　座談会では、自分の仕事の誇りは、「介護を通じて自分が成長していくことである」あるいは「介護はその人の生活の質を高めることである」と語られています。すなわち介護職員は、その人らしい生き方を支援することで自らの人間性が豊かになり、利用者は介護を利用することで生活の質の向上を図ることになるのです。このことは、介護とは、介護職員と利用者の双方にとって生き甲斐と人間的成長をもたらすことを意味します。座談会では、この介護関係についてさらに深く語られました。

□個別性の中にある本質をみる

　介護は、基本的には一人ひとりの個別の生活に関わります。したがって介護は利用者の個別の状況をよく理解する必要があります。この個別性を2つの視点から考えます。

　1つ目は、個別性は、利用者のニーズ（必要性）に示されます。つまり、ここでの個別性は介護関係におけるものですから、まず、利用者の個別性を利用者のニーズにおける意思の表現から理解するのです。そして、介護は常に利用者の意思を確かめながら行われる必要があるのです。このことに関連して重要なことは、ニーズは現在の生活課題の解決を通じて、これからの生活をどうつくるかという未来への目標を含んでいることです。

　2つ目は、個別性とは、個人と環境との相互関係によって形成されることです。たとえば、利用者の生活の個別性は、家族との関係性によるのです。あるいはデイサービスセンター（通所介護事業所）におけるグループでのレクリエーション活動は、集団の中における個人としての参加意識や快適性が目標になります。

　ここまで述べてきたことを、さらに人間の本質に迫って考えてみます。

　介護における個人の意思の理解は、相互に意思を伝え合うことです。

そのためには、介護職員は利用者の話をよく聴くことです。しかし、利用者は常に明瞭に語ってくれるわけではありません。あるいは、利用者は現在の状況から途方に暮れて言うべき言葉が見つからないのかもしれないのです。さらに、認知症高齢者の場合には意思の疎通が困難な場合もあります。このようなときには、利用者の心を察することが大切になります。これを、共感的理解といいます。

個別性とは、その人らしい生活を営むことです。そして、その人らしい生き方は、その人を生活の主人公として、利用者自らが決めることです。これを主体性といいます。

介護は、利用者の主体性を尊重して行います。この主体性の意味を深く考えてみましょう。

まず、利用者は家族や地域社会の中で、さまざまな人々との関係をもちながら、生活しています。もちろん、そこには介護職員との関係も含まれます。

そこで個別性とは、人々との関係を通じて形成されることを理解する必要があります。つまり、自分の個別性は、自分だけでつくれるのではないのです。このことは、周囲の人々から利用者の暮らしや生き方について支持され尊重されることで、その人らしい生き方が自覚されることにほかなりません。その意味では、介護職員をはじめ、利用者と関わる人々の意識が大切になります。

ここで介護は、利用者の気持ちを多面的に理解することの意義を考えます。その場合の理解は、病気の医学的所見やADL（日常生活動作）の理解のように、一定の根拠に基づくものです。

一方、利用者の心の理解は、まず対話からなのです。それは利用者の人間としての苦悩、不安、希望などにおける人間的理解を意味します。つまり、そのような生活の状況下においても、生活・人生を自らの選択と責任でつくっていくという、人間の本質の理解です。

ついでに、人間の生き方の個別性は、環境の影響を受けながら、その

介護の本質を考え、自己を見つめ直す

環境を自分の生活に取り入れながら、自分らしい生き方をつくっていくのです。介護職員は利用者にとって人的な環境として重要な役割を果たしています。そのためには介護職員が常に利用者を理解し、寄り添っていくという、よい人間的環境を形成する努力が必要です。

このことは、座談会でも事例として挙げられています。

□利用者との信頼関係をどう築くか

座談会は信頼関係についても語っています。これは介護の教育、実践においてとても重要なテーマです。

介護は、直接の人間関係によって行われます。すなわち介護職員の人間性をもって、利用者の生活を支援するのです。介護職員が、利用者が何を望み、いかに介護するのか的確に理解するには、相互の信頼関係（ラポール）を基盤とするのです。この信頼関係をどう築くのかを考えます。

まず信頼とは「心と心」の絆の関係です。利用者が、「あの人は信頼できるので介護をお願いしたい」と望み、一方、介護職員は「利用者を信頼して、誠実に介護したい」と考える。これは両者が相互の関係においてつくりあげていくものです。

この信頼関係の形成は、基本的には2つの要素があります。1つ目は人間の態度によるものです。すなわち、人間性の問題です。2つ目には専門職として身につけておくべき知識や技術への信頼です。

それでは、人間性を豊かにすることについて考えてみます。まず、介護職員は社会人としての健全な常識を備えた人であることです。

利用者が、長い人生の旅路の中で、病や心身の障害を抱えて頑張っている生活に対して、尊敬と共感の念をもって介護することです。これは決して介護する人、される人という一方的な態度ではないのです。同じ人間として出会い、困難を分かち合い、かつ学び合う関係なのです。

介護は、利用者一人ひとりの固有の生活の歴史と生活状況に対して、適切なものでなければなりません。一方、すべての人は尊敬され、つら

いこと、悲しいこと、不安なことに共感してくれる人に出会うと安堵し信頼関係が生まれるのです。したがって、介護職員は利用者の話を聴き、受容することです。

これまで述べてきたことは、人間性の問題ですから、介護職員は、日々努力して人格を高めるよう努力していく必要があります。そのためには、常に自分を反省して、学んでいく態度が優れた介護職員をつくることになります。

信頼関係は、人間的態度が大切になることを述べてきました。さらに信頼関係を築くには、価値・知識をもった生活支援技術を習得していることが求められています。

□尊厳と自立を全面的に支援する介護

介護とは何かを考えるときに、まず介護は人類の歴史とともにあるということです。介護の原点は、家族や地域の人々の人間の情によるものです。つまり、お互いに助け合うという自然の摂理なのです。

しかし、人間の歴史は、ある環境に恵まれた人だけのものだけではなく、すべての人にとって必要に応じて介護を受ける機会が得られることになってきました。

それは、人間の尊厳を保持し、その人らしい生活を保障することは、社会の責務であるとの人権思想に基づくものです。そのことは「介護は社会的使命（ミッション）を担っていること」を示しているのです。それでは、尊厳とは何かの問い対して、自分らしい生き方をするという意味です。それは自立と深く結びついているのです。

介護は生活の支援です。ここで生活とは何かを考えてみましょう。人間の生活は、現実にとどまっているのではないのではなく、常に何かを目指しています。つまり、明日へ向けてより良い生活を願っているのです。利用者が望むことを表現し、実践していくという人間の意欲と歩みを自立ということができます。そして、この人間の心の躍動感は、尊敬

介護の本質を考え、自己を見つめ直す

されている、気持ちを分かってくれるといった介護職員との関係性からもたらされことが多いのです。

　人間の尊厳と自立は、介護職員にとって壁に掛けられた絵画を傍観しているのではないのです。人生をともに歩みながら、自己の絵画をデッサンし、彩りを豊かにしていくものです。

介護福祉指導教育推進機構　特別座談会

座談会2
介護専門職としての職業観

【座談会参加者】
瀬戸恒彦監事／白井孝子理事／松井奈美理事／林諄理事

座談会のポイント

「介護にとっての専門性」に関する考えは、いまだ確立していません。そうした現状は、現在介護職に就いている人、またこれから介護職を目指す若者が、介護職としてアイデンティティを確立することの難しさや自信の喪失、漠然とした将来への不安につながっています。

そこで、介護職に必要な職業観、また、その職業観を成長させるためには何が必要かをテーマに、介護職に求められる人間性や能力（知識と技術）について討論します。

キーワード

- 介護人材の職業観　・理論と実践　・考える力
- コミュニケーション力　・経営的視点　・介護哲学

1 介護人材の職業観

(1) 昔とは変わった最近の学生の特徴

瀬戸　まず最初に、教育現場でやってこられた白井先生、松井先生から、介護人材についてお聞かせいただければと思うのですが、いかがでしょうか。

白井　本校（東京福祉専門学校：編集部注）では、介護人材の養成に携わってもう20年ほどになりますが、「実学教育」「人間教育」「国際教育」という3つの方針を掲げています。

「実学教育」では、職業に携わるために介護福祉の現場で「今あること」を伝えて、それを現場で解決できるような教育内容を、ということでいろいろなシステムを組んでいます。「人間教育」は、高校を卒業したばかりの学生でも、社会を経験した人でも、「あいさつができる」ことを第一の方針にしています。

2 介護専門職としての職業観

　「国際教育」では、従来、介護といえば日本人が日本人のために行うものだったのが、一緒に働く人たちが国際色に富んできていますので、仕事に就いたとき海外からやってきた人たちとも協力態勢がとれる、相手を理解する力も必要だと教えています。こうした方針で卒業生たちを現場に送り出し、送り出した後もフォローするようにしています。人間性の教育という意味では、年代によってずいぶん変わってきたなと思っています。

瀬戸　実感として、どのように変わっていますか。

白井　私が学んできたときと今の子は違うので、今の学生やこれから介護職に就こうとしている人たちに、「私たちの時代は大変だった」とその事実だけを話すのでは伝わりません。彼らの過ごしてきた時代背景をよく知っておかないと伝わらないと思います。20年前は、言ったことを「ああ、なるほど」と素直に受け入れて「そうですね。自分たちもそう思います」と。たとえある程度疑問に感じていても、素直に現場で試してみて、実感した後に「言われた通りだった」「でも、こうすれば改善できるんじゃないか」という学生が多かったと思います。今は、「介護とはこうあるべきです」と伝えると「ああそうですか」と答えるのですが、それを着実に実践できていない。

瀬戸　ということは、腑に落ちていないと。20年前は、言われたことが全部腑に落ちて身についていた。今は、言葉では理解しているけれども、それが身についていないので現場で実践できないという違いをお感じになっているわけですね。一つの大きな課題ですね。

白井　これは教員の質にもよるのでしょうけれど、社会全体の変化もあると思います。ただ、こうした変化にうまく対応しないと介護職員の質は上がらないと感じています。

瀬戸　なるほど。松井先生はいかがですか。

松井　まさに白井先生と同じような思いです。今の学生は「生活力」がないので、言われたことがすぐに実感できないと思いますね。時折、

職業訓練生も教えていますが、学生と訓練生との温度差もあります。特に、学生はコミュニケーションの能力が低いと思います。訓練生は社会経験があるので、素直で柔軟な人は理解が早い。我の強い人は、素直に受け入れてもらえない傾向があります。ただし、これは年齢に関係なく、人間性で違ってくると思います。教える側は、そこを見極める必要があると思います。最近の若い人は、自分の弱さを表出できない、弱さを知られるのを嫌います。弱いところを隠そうとします。教員に多少弱いところを見られてもかまわないけれど、クラスメイトに自分の弱さを知られるのが怖い、という思いがあるようです。昔は、クラスが一つになれたんです。それが、今は人数は少なくなっているのに、いくつかの派閥のようなものができている。教員として「この学生たちをどうまとめてくか」という難しさがあります。ですから、学生たちの個性を見ながら、工夫して伝えていく必要があると感じています。

(2) 人材教育のあり方

瀬戸 私は介護の現場をかなり見ていまして、制度設計のところから関わっていますが、現場に行って感じるのは、事業所の管理者のマネジメント力や、現場の介護職員の当事者としての意識、一般社会人としての常識が、少し落ちているような気がしておりますが。林先生、この点、経営者としてどうお考えですか。

林 私は介護の現場を知りませんし、教える立場とは無縁の人間で

瀬戸恒彦監事

2 介護専門職としての職業観

すから、経営者の立場から素朴に語らざるを得ないのですが、介護の制度を利用する人たちに、どういうことをすれば相手の立場に立った介護ができるのかを考えますと、資格を取れば現場に立つパスポートを得たということで、ある種の枠の中にとどまってなかなか出られないという悪循環が繰り返されているように思います。

　いまだに「量か質か」というようなことがいわれているわけですね。確かに高齢社会の急速な進展を考えると、量も重要ですが、質を伴わない量は意味がないわけです。それをどうやって同時並行的に作り上げていくのか。現場でやっている人はある種のロマンが必要だと思います。どういう介護をやりたいのかという。日本というのはほかの国と違って、こだわりを大切にするからお花が「華道」になったり、お茶が「茶道」になるわけです。私は「介護道」にするくらいの気持ちが必要かと思います。介護職の人は、介護を通してどういう生き方をするのか。資格では人はつくれませんよね。やはり現場で、実際に介護に向きあうなかで、自分なりの介護の職業意識ができあがってくると思います。介護や医療は、本来は労働者として非常に厳しいものです。労働者的な感覚だけでは、定着も難しくなります。そこを使命感をもって、とにかく、ある段階から介護というものは自分の人生をかけてやっていくのだ、という動機づけができるような教育。義務教育の段階から介護の理念を教えて育てていく。そうすれば、何人かに一人は介護の現場に入ってきて、素晴らしい生き方を見せ、誰かがそれに共鳴して人が増えていく、という好循環ができあがると思っているわけです。

瀬戸　働きがいがそこにあるか、それが誇りをもてる仕事かどうかが重要ですね。

林　それを、できるなら講座化したいんですよ。厚生労働省の教材プラス、現場で使命感がもてるような、誇りがもてるような人材をつくっていくような講座です。簡単なものじゃないんですけど、そういうも

のを講師が教える段階で、できないかなと思います。イタリアの元ファッションモデルのケースですが、結婚して子供ができて離婚して、その後、映画界からも誘われたんだけれど、それを断って靴磨きをやっている女性がいるんですね。これが今や、全国チェーンになっているんですよ。しかも女性専門の靴磨きの専門学校までつくっているんです。お客さんに聞くと、「彼女に靴を磨いてもらうと、靴も磨かれるけれど、心まで磨かれている気がする」と言う。私は介護も「心の産業にするべきだ」と思います。本人に成功の秘訣を聞くと、「この職業に対する誇りだ」という言葉が真っ先に出てくるんです。その女性は、靴が好きで将来は何らかの形で靴に関連する仕事がしたかった。本当はつくりたかったけれど、その技術はない。靴に関連して、自分がすぐにやれるのは靴磨きだという。それを「誇りだ」というのです。介護も、介護に惚れて、「私は介護職としてこういう人生をつくっていきたいんだ」というものを徹底的に教えるべきじゃないのか、と思います。そういう哲学をもつ人が、介護のいろいろなベースをつくっていく。ベースができれば、あとは人材が育ってくると思います。

瀬戸 理論は人を大きくし、実践は人を磨きます。理論と実践を繰り返して成長していき、そういう人がリーダーになって人を教えていくというのが理想ですが、実際にはいかがですか。教育の現場で、実践教育を含め、理想的なかたちでやってこられている人というのはどれくらいいるものでしょうか。

白井 介護保険制度ができてから、独立ができるようになりました。卒業生の何人かは自分たちの理念を実践するために、介護事業所を立ち上げています。そのなかで、自分のこだわり、たとえば外出支援だったらそれにこだわるとかですね。そういう人が何人かはいます。

瀬戸 そういう人は目標をもって、そこが自分の居場所だというふうに働く意義をそこに置いているので、自らの成長や、自己啓発もその場でできるわけですね。

2 介護専門職としての職業観

白井 そういう人はたくさんいますが、大きい法人のなかの一個人になると、自分のこだわりを出すまでの地位といいますか、たとえば介護長ぐらいだと、なかなか難しいと思います。

(3) 人材育成の事例

松井 介護保険ができてから、考えて行動するという教育のかたちが少し変わってきました。私は現場で仕事をしながら大学に行き、理念を先生方に教えていただいて、現場で生かしてきたという人間です。私はヘルパーですが、当時のヘルパーは自分で考えて行動していたと思います。介護保険ができてからは、極端に言えば「考えなくていい」と。プランを立てたらその通りやればいいよ、というかたちになってしまいました。学生や若い人の質も変わりましたが、教育のあり方自体がそのように変わってしまったのです。学生が自分で考えようとしないので、意識的に「あなたの目標は何なの？」「将来、介護福祉士としてどんな夢をもっているの？」と問いかけて、どんな哲学を学生に与えればよいか考えています。難しいことですが。

瀬戸 夢を語る、夢を与える。これがとても重要だと思いますが、先輩職員などが介護の現場で職員にどう語られているかも気になります。

林 ある事業所の記事を読みました。介護の分野は離職率が３割とか、非常に高い。ところが、独自の人材づくりをしている事業所は離職率が低く、定着率が高いということでした。やはりそうだな、と。経営者が自分の思いを込めて「こういう介護をやりたい」「こういう人材を

白井孝子理事

つくりたい」と考え、プラスアルファの味つけをしながら、介護に関するビジョンを身につけた人材をつくる事業所は、定着率が高い。これがすべてを物語っているのではないかなと思います。

瀬戸 私もいくつかの事業所を見るなかで、うまくいっているところは、経営者や管理者がしっかりマネジメントしているんですね。しくみをしっかりつくっている。うまくいかないところは、そういったマネジメントがない。人材を育成する際も、介護職だけにフォーカスしていいのか。場合によっては、管理者や経営者クラスの教育も必要になってくるんだろうと思います。これからは、介護福祉の経営ノウハウを、いかに勉強するかということが重要になってくると思うんですね。

松井 介護職自身も、経営的な視点をもたなければいけないわけですから、学んでほしいなと思います。

白井 私自身は看護職で、看護職も副院長に起用されることが増えましたから、マネジメントとか管理の視点が必要です。介護職も同じで、これからは一法人のスタッフではなくて、マネジメントにも関わる。具体的に言えば、自分たちが行うおむつ交換のおむつの単価はいくらで、効率と利用者の満足度を両方高めるにはどうするか、というところまで考えられる人がいればいいと思います。ただ、今は「それはそれ、これはこれ」と。

松井 関連づけないんですね。

白井 それをちゃんと考えれば、生きがいとか働きがい、となっていくと思いますね。

2 「考える力」を育てる
(1) コミュニケーション力をつける

瀬戸 新しい基軸をつくるべきだということですね。今やらなかったら、多分ずっとできないだろうと思います。この時期に、人材の育成や教材、単なるコミュニケーション論では終わらない人間関係のディ

2 介護専門職としての職業観

スカッション、その他いろんなことを体験して、初めて知ることや身につくことがあるので、そういった実践的な教育をしないと多分、難しいんだろうと思います。そういう意味では、最初は少人数にならざるを得ないかと考えられます。でも、少人数のコアのメンバーができたら、その人が次の世代を教育できる。そういういい循環につながっていくことが必要だと思います。

林 徹底してディベートのようなことをやってみてはどうかなと思います。ディベートはコミュニケーション力を高めていきますから。それをやるなかで、介護をどう確立していくのか考える必要があります。

瀬戸 介護職員初任者研修課程カリキュラムを全面的に変えなくてはだめだと思います。

白井 私、実は2006（平成18）年のカリキュラム改正に関わっていて、そのときの改正は、本質的には介護職の人間性を高めるカリキュラムだったんです。人間と社会がどう関わっていくかを考えるカリキュラムです。しかし、教える人がそれをできていないのだろうと思います。

瀬戸 道徳教育もそうですけど、先生が教えられなくなってしまった。

白井 今のカリキュラムは、昔の人のほうが教えられるんですよ。今の講師は、「自分の幅」が狭い。「ここに書いてあることはどう教えるんですか」などと基準を求めてきます。

松井 テキストをそのまま教えてしまう講師が多いです。私はテキストを全然使わない講義もいくつかあるので、「先生は教え

松井奈美理事

方が違うんですね」などと言われます。自分が伝えたいものを、どのテキストのどの部分を使って効果的に教えればいいか、自分で考えて組み立てなさいと言うんですが、若い講師たちはできません。

瀬戸 講師が教材を自分でつくらないんですか。

松井 テキストをそのまま使います。テキストがまた親切ですから、この流れでワークシートを作ればいい、ということなんですね。

白井 まさしく、テキストから離れられない講師がいるんです。

松井 若い人や現場の経験のない人には多いです。

瀬戸 それだと人材が育成できませんね。

松井 自分自身の理念とか、そういったものをもっていない。テキスト通りに読み、覚えさせればいい、試験に受かればいい、と思っている先生が多いと思います。

瀬戸 なぜそうなってしまったんでしょうか。

白井 日本の教育の問題そのものかもしれませんが、やはり怖いんだろうと思います。自分たちも不安なのでしょう。この授業はどう進めたいか、問いかけても明確な答えが出てこない。

瀬戸 先生自身が考える力を失っているんですね。

白井 介護経験がたくさんある先生でもそうです。ケアマネジャーの制度ができてから、ケアプランと介護職のやることが乖離してしまった。介護職は、実習指導者研修会というのをやるんです。介護の教員や学生たちを教えます。その研修会に参加した人たちは、3年以上の介護経験があるんです。そこで「介護過程」という科目をやるんですが、「こういう人物像があったら、こういう計画を立てるのは『なぜ』」の「なぜ」が抜けるんです。

瀬戸 「なぜ」と「どうして」というのは、非常に重要なキーワードです。本質を深めていくうえで必要なキーワードですが、「なぜ」とか「どうして」を使わないんですね。

松井 介護保険制度ができて、ケアマネジャーの仕事がそうなっていま

2 介護専門職としての職業観

すね。
白井 ケアマネジャーがケアプランに盛り込むのは「ここでどんな介護を入れるか」だけなのです。プランの下に入るのは介護職です。結局、ケアプランはお金になるが、介護はお金にならない。
瀬戸 つまり、お金を求めてしまった、ということですか。
松井 あと「楽」を求めていますね、現場では。
白井 マニュアル化ですから、彼らは今。
松井 確かにマニュアルは必要かもしれない。でも、マニュアルを作るプロセスが大事です。マニュアルは、利用者が変われば変える、介護職が変われば変えていかなければならない。そこがなくて「つくったら終わり」のような感じで、柔軟に対応できないんですね。

(2) 介護職にも必要な経営的な視点

瀬戸 ということは、「利益を追うな」と「仕事を追え」ということをまず言わないといけない。ケアプランはお金になるけど、個別の計画はお金にならないからつくりません、となると本末転倒です。確かに経営のセンスは必要になります。ルールがどうであろうと自分たちがいい仕事をするためには、経営する人がいて、そのもとでいいサービスを提供する介護スタッフが必要になるわけです。介護や医療は社会保障制度のなかの一つのサービスという位置づけになっているので、大局的な視点で考えざるを得ないのですが、内部環境としてのヒト、モノ、カネ、情報をうまくマネジメントするというところが肝心だと思います。
白井 国の政策を無視するわけにはいかないけれども、軸としてぶれない何かがないといけないということです。ぶれない何かというのは介護に対する思いとか、考えとか、自分自身の介護観をつくり上げるカリキュラムといいますか。
瀬戸 まさに職業観。専門職なのだけれど、一般の基礎も身につけてい

ての職業観が必要です。

白井　社会経験のない学生が実習に行って考えて、また勉強して、という繰り返しは養成施設では大事にしていて、そこで人が育ちます。

瀬戸　学校教育ではなくて、現場のなかで職員をきちんと教えることができる人が意外と少ないですね。

松井　いても少数だから、全体に広がらない。

林　人というのは現場でしか育たないですよ。教材で人は育たない。資格そのものをつくり出すことはできるけど、人はつくれません。やはり現場です。現場にすごい人がいたら、その人は何人でも育てていきますよ。

白井　実習が終わって「将来あんな人になってみたい、と思える人はいましたか」と聞くと、昔は「はい」と返ってきましたが、最近はいません。

瀬戸　目標がないのでしょうか。

松井　最近は、「人にはいいところも悪いところもある。この人のこの部分はいい、あの人のこの部分はいい、というところを足して自分の中で『なりたい像』をつくっていらっしゃい」といって送り出しています。

白井　昔に比べると、学生にこだわりがないので、深いところを見ようとしない。指導者にも人として関わってこないんです。

松井　利用者さんとはすぐに関われるんですが、指導者との関わりはうまくないですね。

林　なぜそういう若者が育ってきたか、という背景をしっかり把握して

林諄理事

おかないと。そういう教育をやってきたということです。子どもは悪くないんですよ。そういうことを直視しないで「今の若者はわからない」と言っている。構造的なものを把握したうえでどのように手を打っていくのか、現場のリーダーが何をしていくのかということを鮮明にするべきです。

(3) 介護職を育成する人材を養成

瀬戸 まずは現場のリーダーを養成するということと、もう一つは出ていく若い人たちをできる限り意識づけしたうえで現場に送る。また、現場で疑問に思ったことは、学校に戻って、そこでまた勉強していく。経験してきたことを「考える」教員の養成が必要です。

松井 教員や現場リーダーが、自分の介護観というか、介護という仕事をしながらこういう人生を送りたいというものをもって、それをしながら後輩たちに現場のなかで伝えていく。伝える力、やっていくことを伝達していく力みたいなものが必要かなと思います。

瀬戸 考える力と伝える力はとても重要で、実際に「伝わった」という確認をしないとわかりません。知識も、自分の言葉で話してみて初めて身についたかどうかがわかるんです。単に教員の話を聞いただけではわかっていない。本当にいい人材を養成するには、人の問題と、現場でどういう話をするかということをトータルにつなげることです。

白井 本校は、在宅介護、デイサービス、グループホームなど、多くの現場を見せることにしています。行った先の体験だけでなく、戻ってきてからの集約が大切だと思います。行った先で疑問に感じたことを、戻ってから誰かに伝えて「こうあるべきだ」とか「どうしてこうだったんだろう」と考えることが大事だと思います。

松井 教員たちがいいサポートをすれば学生はすごく伸びると思います。ただ、教員たち自身が「考えさせるネタ」を出すことができなくて。

白井 集約もできないので、現場で思ったことを、介護観につなげられ

ないんです。

瀬戸 それは、「論理的な組み立てができる」「意見をまとめる」「意見を返すことができる」介護人材を養成する教員を、養成する必要があるわけですね。

白井 実践の科学とでもいいますか。利用者さんを見てきた介護職が、介護職を育てるというこだわりは大事だと思います。実践を見てきたから、教育学を知らなくても、利用者のためにとか、利用者の立場に立つ、とか、原点の必要性を理解していればいいと思います。

松井 施設の方と私たち教員との懇談会がありました。施設の方たちは「学校も、自信をもたせるような教育をしてください」と。学校側としても「現場で自信をなくさないようにサポートしてください」と。自信をつけることをしないと伸びませんね、といった話になりました。

瀬戸 まさに介護職の誇りをもって。介護の仕事を「3Kだから」などと言うようではよくないですね。「私は、介護の仕事でがんばっています」と人に伝えられることが大事だと思います。

松井 私は、学校教育のなかでは「介護という仕事は、ほかの職種と比べたら利用者さんと対等になれる仕事だ」と。対等になれるということは、そこには成長がある。自分自身が成長できる仕事なんだよ、と教えます。大変なことを一つ乗り越えたら、すごく大きな成長になる。対等な関係で対話をしていくと、必ず成長がある。だからこんなに成長できる専門職はないよ、と私自身は言っています。

瀬戸 「自分の成長と働きがい」がある職場は定着率が高いんです。あと人間関係がいいところ。逆にいうと人間関係が悪くて自分の成長ができないとか、働きがいがないとか、マネジメントが悪い、ということで離職する人は多いです。給料の問題は、離職の原因の3番目なのです。働きがいが感じられたり成長できたりする部分を、事業所のなかにつくることが大事です。そこでいちばんコアになるのが、教育プログラムです。教育プログラムをどうつくってリーダーとなる人材を

育成するのか、というのが重要なテーマです。

白井 プログラム自体はつくろうと思えばできます。そこに見えない力をどう注ぐかが大切です。だからプログラムを実践する人、教員が大事になると思います。

松井 学生と先生のぶつかり合いですね。伝えるべきものをもっていない教員だと、学生も力をつけられないでしょう。

白井 今の学生は、本音でぶつかっていけば、いい子ばかりなんです。とてもいい子です。昔の子よりピュアかもしれない。だからもっと関わりを……ただその関わりも、入りすぎてはいけないし、引きすぎてもいけない。その兼ね合いを考えなければいけないんだろうな、ということでしょうね。私は看護から入って、介護を見て思うのは、介護のほうが本当に大変だということです。人間性がベースにある。看護は目標が明確だし、することも明確です。介護はベースが人間性ですから。人間性を学んだら、介護職からマネジャーが出てもいいし、ほかの仕事に行っても接客業だって絶対うまくできると思いますね。

松井 私は、サービス業から入りました。ただ、やはり関わり方の喜び、相手に対する思いが全然違いますから。やりがいという意味では、介護のほうがずっと楽しいと感じます。

③「介護哲学」の必要性

(1) 不満というマイナスをプラスに変える

松井 介護職の方たちが自分自身のキャリアアンカー（職業や職場を選ぶときの判断基準となるもの：編集部注）をもつというか、「私はこれが楽しい」とか「これが自分のできることで、やりたいことだ」というのを自分で明確に目標づけていって、将来経営者になってもいいし、社会奉仕というところでやってもいいし。そういういくつかの道をイメージしながら夢をもち続けるような、そんな人材を育成していきたいなと思います。

瀬戸　まさにそうですよ。夢をもち続けないと成長していかない。短い言葉でスッと入る、そういうテキストをつくるといいと思うんですよ。わかりやすい言葉でね。意味がしっかりとあるものを教育していく。

林　介護は、職業じゃなくて生き方である、というテキストがあってもいいと思うんです。先人の言葉に「一隅を照らす」というのがあります。人間はいろいろなところを同時に照らすことはできないが、みんながそれぞれのところを照らせば全体が明るくなる、というわけです。介護であれば、介護の一隅をどう照らし続けるか。介護はそういう一つの生き方であるということを示すような内容のね。こういう哲学がないと介護はやれないと。介護を通してどういう生き方をするのか、という哲学を教える。

松井　介護哲学はいいですね。昔はよく言われましたよ、「ヘルパーさんは文句ばかり言う」と。文句じゃなくて意見に変えろと。じゃあ意見に変えるには勉強しなきゃ、ということで勉強しました。

白井　私たちも言われましたよ。「そんなことを言うのなら、理論的に出してください」と。

松井　不満をもつことは大事なことです。

瀬戸　マイナスをプラスに変える。

白井　発想の転換ができるって素晴らしいですね。

松井　自分の人生のなかで「きっかけになったのはこの言葉だったな」というのは残っていますね。どんな先生に会えたかによって、その人の介護の人生というのは変わってくる。

瀬戸　先人の言葉も含めて、いろいろな人生を勉強する教材があり、自分がやりたいという意欲をもっていたときに、「がんばってるな」と認める組織が必要です。目標を設定して、がんばったら報いる組織をつくる必要があります。それを介護人材の育成とともに、組織の管理者、経営者も一緒にある意味勉強していっていただくというかたちでしょうか。

2 介護専門職としての職業観

(2) 究極の目標は「介護のない世界」の実現

白井 知識とか技術が未熟でも、学生の場合だと、学生の素直な気持ちが利用者さんには伝わるわけです。ですから失敗して「すみません」と学生が言うと「いいのよ、仕方ないわよね」と利用者さんは言います。そこはやはり人間性とのからみなんです。

瀬戸 論理的な思考回路も当然必要なのですが、現場で一人ひとりを見て、人生を見て、どういうケアが必要か、その人がどうしたら幸せになるか、という幸せになるためのお手伝いをする仕事。

白井 手段としての技術は必要です。気持ちだけではできません。でも、気持ちがなければ知識と技術も生きてきません。

瀬戸 変わらない価値が実はある。それが本質なのですね。その本質をちゃんと理解することが必要だということです。本質をきちんと見る目を養うことが大事ですね。それが本日のテーマの「職業観」のところにもつながるということですね。

松井 技術と哲学は両輪ではあるんだけれども、本当の本質を押さえていますか、ということですね。

白井 それが職業観なり倫理観でもあると思います。

瀬戸 本質はそういうことで、それが介護の本質につながるんですね。

白井 知識とか技術とか経験は、後でついてくる。ただ、今の学生たちを見ていると、後でついてこない人もいるから「今がんばろうね」と言いますけど。ただ、モチベーションが上がれば知識とか技術の追いつき方は全然違います。モチベーションが上がらないと、いくらやったって知識も技術も上がらない。

松井 講師自身に「介護が好き」という気持ちがあって、学生のモチベーションを上げられる力が出るんです。

林 介護の究極の行く末は、介護のない世界を作ることではないかと思います。

白井 究極はそこですね。

林　法律のない社会をどうつくるのか。悪いことをする人が多いと、法律がどんどん増えていくわけでね。究極のロマンチストは、自分のやっていることを最後は失職するようなことをやろうとするんですよ。それは非常に大事な精神だと思う。介護が充実しているとか、対象者が増える、そうすれば儲かるみたいなことを考えているとろくなことはない。基本的には、いかに介護のない世界をつくるか。それがこの分野の職業人の使命だと思うんですよ。

瀬戸　腐敗する社会は、法律をいっぱいつくる。

白井　施設でいえばマニュアルばかりの施設ですよ。

瀬戸　倫理観さえしっかりして、みなさんの役割分担をわきまえて連携している限りは、できるわけですよ。

松井　裁量権を分けて、ある部分は自分の力で裁量権をもって、引いたり押したりできる力をもつ。

瀬戸　不平不満ももちろん大事ではあるけれど、それをプラスに変えてね。

松井　それが「気づき」ですからね。

瀬戸　いいケアをする。それが基本ですね。批判がなければいいものをつくろうというエネルギーにはならないでしょうから。ネガティブな気持ちじゃなくて、それをプラスに変える、そういう教育をすればいいんです。介護の現場には、ネガティブなことがいっぱいあります。ややもすると、心が風邪をひいてマイナスになる。そこをプラスに変えるような教育をしていくことが重要です。

松井　授業で私が言っているのは「制度に縛られるな」と。「あなたたち、制度批判しなきゃだめよ」と。

瀬戸　難しいんですけど、自分たちの課題であったり組織の課題であったり。課題の整理と優先順位のつけ方があまり上手じゃないと、批判をして、ウサを晴らして終わらせてしまう。問題はどこで起きているのか。問題の所在の本質はどこにあるのかを説明して、ロジックを理解したうえで「やはりここが問題である」と指摘できるような人材に

2 介護専門職としての職業観

ならないと、考える人材にはなりません。
　本日はどうもありがとうございました。

座談会を振り返って
職業観を成長させるための仕組み

　　　　白井孝子（東京福祉専門学校ケアワーク学部教務主任）

□はじめに

　今回の座談会では、「介護専門職としての職業観」をテーマとし、①「介護人材の職業観」、②「考える力を育てる」、③「介護哲学の必要性」の３点について話し合いました。座談会出席者たちの経験やその思いが伝わるものであったと感じています。

　現在介護を担う人材には、介護福祉士養成校を卒業し介護福祉士を取得し働く人材と、介護現場で実務経験を経て介護福祉士を目指す人材がいます。施設介護の現場では、介護福祉士の取得が望ましいとされてはいますが、現状として必須資格ではないので、介護福祉士を取得していない人がいるのが現状ではあります。

　また、訪問介護の現場では、都道府県が認定する訪問介護員講習修了者か初任者研修修了者であることが基本としてあります。今回の座談会では、国家資格の有無にかかわらず、上述のようにすべての介護専門職の方に向けた内容としています。

□**最近の学生の特徴**

　はじめに、介護人材の職業観を考えるにあたり、介護福祉士養成校における変化について、東京福祉専門学校と植草学園短期大学で教鞭をとる２人からの報告がありました。

　まず、東京福祉専門学校ではグループにおける建学の理念である「実学教育」「人間教育」「国際教育」を掲げ、教育を実践してきた中で、「人間教育」としてのあいさつ、思いやりの気持ち、コミュニケーションにおいて、その変化のありようが報告されました。20年前に入学した学生たちであれば、介護を知識と技術として学び、実習などで実践したう

えで、実際の介護現場で、それらが行なわれていないと、「なぜだろう」「どうしてだろう」と考え、「どうすることが良いのか」を考える力があったといえます。

しかし、最近の学生は、「介護とはこうあるべき」と伝えるとそれを素直に受け取る返事はできますが、実際の現場で、それを着実に実践できるかというと、できていないことが多いです。これは、介護について修得されず現場で確実に実践できないという一つの課題とされています。

では、「なぜできないのか」という点については、入学生の背景や周辺環境を含めた社会全体の変化。そして、その変化に対応するべく教員の姿勢のあり方が重要ではないかという報告がなされました。

松井先生（植草学園短期大学）からの報告でも、学生は同じような状態であり、その変化の原因としては、学生の「生活力」の不足があるために、言われたことを実感できないという状態を生んでいるのではないかという分析がなされました。

さらに若い学生は、自分の弱さを表出できない、弱さを知られることを嫌い、隠そうとする傾向にある。教員には弱いところをみられることは構わないが、学友に自分の弱さを知られるのが怖いという思いがあるとの報告もされました。

植草学園短期大学では、社会人を経験してきた職業訓練生もいることから、年齢や社会経験の差による変化はあるのかということも報告されました。学生として共通することは、コミュニケーション能力の低下ということがあげられました。また、社会経験者は、素直で柔軟な理解力をもつ学生と、素直に学びを受け入れられない学生がいるということです。ただし、その奥には年齢に関係のない人間性が重要であり、このような現状から、個々の学生を見ながら、教育をする必要性があることが報告されました。

□ **人材教育のあり方**

人材教育を考えるにあたり、瀬戸氏からは、今の介護現場に不足して

いるものは何かという点として、「事業所管理者のマネジメント力」と、「介護現場職員の介護に関する意識や社会常識の低下」があるのではないか。また、そのことを解決していくためには、理論を学び、実践し、その繰り返しの中で人を磨くことの重要性が必要ではないかと提言がされました。

また、林氏からは、義務教育の段階で介護の理念を伝え育てていき、その中から何人かの一人が介護の現場に入り、その素晴らしい生き方を周囲にみせ、共鳴する人が増える環境づくりが必要ではないかとされました。さらに、あるイタリア人の生き方から、職業に対し誇りをもつことの重要性が説明されました。

両氏の発言から考えられる一つのキーワードに「介護に誇りをもてる人材教育」の必要性があると言えます。誇りをもつということは、夢を語り、夢を与える現場であること。そのために、その教育に参加するのは、介護現場の職員だけではなく、管理者や経営者クラスの人も交えていくことが必要であり、介護を大きな枠組みで捉えることで、「介護に誇りをもてる人材教育」という仕組みづくりにつながるとされました。

また、近年、近接する領域である看護職では看護師が病院副院長に起用され、経営参加者としての看護師が増えていることから、介護現場職員もマネジメント力を備え、経営者という視点での人材育成が可能になれば、生きがい、働きがいのある職場作りをトータルにできるのではないかという意見も出ました。

□ 「考える力」を育てる
1　コミュニケーション力をつける

人材育成の中で、「考える力」を育てるためには何が必要かという点では、コミュニケーション力をつけることの重要性が一つ明確なものとして挙げられました。この場合のコミュニケーション力とは、単なるコミュニケーション論ではなく、人間関係を構築するためのコアの部分を身につけ

る力、つまり、介護職員の人間性を高める力ではないかとされました。そのコミュニケーション力をつけるための具体的な教育方法としては、例えば「介護をどう確立していくか」という徹底的なディベート、ディスカッションを教育のなかに取り入れてはどうかという案が出されました。

では、そのコミュニケーション力をつけるための教育を、誰がするのかという話題からは、教育者の教育力の低下があるのではないかという報告もされました。初等教育の中では、道徳科目が復活したが道徳を教える教員がいない。介護教育の中では、テキストから離れられない、テキストの内容をどのように膨らませることができない。良い授業になるのか自分で考える力の不足する教員がいる。という問題があります。

その背景にあるものは何かというと、一つには、マニュアルから脱出できない現場職員の存在が報告されました。本来マニュアルは、「つくるプロセス」にその重要性があり、周辺の状況の変化に合わせてマニュアルも変化していかなければならないものです。ですが、「つくったら終わり」という現状があり、柔軟に対応できていません。

さらに、介護福祉士の養成校で専任教員になるのは現場経験が必要ですが、このような現場の現状にある教員は、「なぜ」「どうして」学生が理解できないのか、「どうすれば」学生の理解できる授業になるのか、自分で考える力不足が不足しています。つまり、介護の方法を教えることのできる教員はいるが、その方法に介護の本質をつけて語れる教員にはなっていないという現実があるのです。

2　介護職にも必要な経営的な視点

現場と教育者の現状報告から、瀬戸氏は「利益は追うな」「仕事を追え」ということが現場には必要であると提言しました。それは「経営のセンスの必要性」でもあるとされました。

良い仕事をするためには、経営する人がいて、そのもとで良いサービスを提供する介護職員が必要になります。外部環境として、法制度が前

提にあるとしても、内部環境として「ヒト・カネ・モノ・情報」をうまくマネジメントすることが重要であり、その循環をうまくできる現場をつくるには、介護職員も経営的な視点をもち、考えて現場をつくることが重要であるとされました。つまりは、職業観を担うには、現場が重要性であることからの提言です。

また、林氏は、人は現場でしか育たないと述べ、現場で育った人には人がついてくる。その循環が人材育成には重要とされました。さらには、「今の若者はわからない」というだけではなく、現場のリーダーが今何をしていくかを、鮮明にするべきとされました。

マネジメントという言葉には、管理、経営管理、経営者、経営陣という意味が含まれています。マネジメントというと、どうしても経営が先に頭に浮かびますが、「介護を管理する」と考えると、介護現場の中で「ヒト・カネ・モノ・情報」を効果的に動かしていくためにはどうしたら良いか、という、今より広い視点に立つことができるのです。

3　介護職を養成する人材を養成

このなかで瀬戸氏は「現場のリーダーを養成する、若い人たちをできうる限り意識づけをしたうえで現場に送る、現場での疑問は学校に戻り、そこでまた学ぶ。経験を『考える』職員の養成が必要」と提言しました。さらに、「考える力」と「伝える力」は重要であり、特に伝える力では、実際に「伝わったか」を確認することが重要であるとされました。

これを受け、介護職の養成校としては、卒業生である現場職員が、後輩たちに介護観を現場の中で伝える力をつけさせることが必要であるということが見えてきました。また、教員の力として、学生たちの現場での実習体験を集約し、疑問点は何かを明らかにするために、体験を他者に伝え、検討させることの重要性、論理的思考力をつけさせる力の重要性が確認されました。

これらのことは、教育現場と介護現場において、学生を、職員の立場を

よく知り、各々が介護職員として誇りをもち、仕事を続けることのできる環境整備の良い循環を構築することの必要性の再確認につながりました。

□「介護哲学」の必要性

　このなかで、林氏は先人の言葉から「一隅を照らす」を引用し、介護の一隅を照らす人々の育成、介護には哲学が必要であると提言されました。これを受け、介護現場にある事象を、哲学に構築していくための発想や発想転換の方法の重要性が話されました。また、先人の言葉を含めて、人生の勉強をする教材の必要性と、介護現場で人を育てていく風土をつくり上げていくことを、組織管理者・経営者もそれに参加していきつくり上げることが必要ではないかとされました。

　さらに、介護の本質は、変わらない価値観を介護職員がどのように構築していくかであり、介護の本質を考える力をもつ学生を育てる、この２つのことが重要であるとされました。

□座談会を終えて

　今回の座談会を終えて、「介護専門職としての職業観」には、明確な介護観をもつ、人材育成を担うという使命感をもつ、専門性確立の中心である自覚をもつ、ということが重要であり、さらに、「人を育てるには現場と連携した教育が重要」であることから、介護職員がマネジメント力をもち、介護経営の中枢となること、介護教育の確立が重要であることを再確認することができました。

　そのためには、介護福祉士養成教育のみならず、介護現場で働く介護職員に対しても、この座談会で確認できたことを、伝え、語り合い、考え、伝えるという良い循環を実践していくことに精進しようと思います。

介護福祉指導教育推進機構　特別座談会

座談会3
介護における教育者像

【座談会参加者】
　黒澤貞夫代表理事／白井孝子理事／木村久枝理事

介護福祉指導教育推進機構 特別座談会

> **座談会のポイント**
>
> 　介護人材の養成を行うのは、教科書ではなく人（教育者）です。そのため教育者に求められる役割はとても大きいものです。しかし、既存の学習方法だけで、本当に利用者や事業者が求める人材を育成することはできるのでしょうか。
>
> 　教育者に必要なものとは何か。介護教員としての基本姿勢（倫理）をはじめ、感性と気づき、理論と実践を教授する具体的展開方法、成人学習、そしていかに介護について「語る」かについて討論します。

キーワード

- 教育者の人間性
- 感性と気づき
- 教師の倫理
- 教養のある社会人
- 理論を伴う実践
- 生涯発達

1 知識・技術の伝達にとどまらない教育

(1) 教育者の人間性が問われる

黒澤　人間と人間に関わる介護という領域における教育者像について考えたいと思います。教育とは何かというときによく「人間性重視」といわれますが、なぜ教育に人間性が求められるのでしょうか。私は、介護では教師と学生、学生と利用者、どちらも人間関係であり、人間関係を基盤とした教育であるということによると思います。

　また、教育の学問性についても考えたい。教育においては、知識を教える、教科書の内容を伝えることも大切ですが、教育者としてどのような姿勢、どのような考えでいるのが望ましいかを話し合いたいと思います。

　私の考えでは、一般に教育は、教育者が獲得した知識を学生・受講者に伝えるという物理的な関係ですね。しかしながら人間には、常に

3 介護における教育者像

自分に問いかけながら生きていく部分があります。特に、障害のある方や高齢の方を介護する場合はそうですね。たとえば「老い」を考えてみましょう。

　高齢者に介護を実践するためには、高齢者についての理解が必要になります。高齢者はどういう状態にあり、どのような生き方をしているのかを基本として理解しておく必要があります。「尊厳と自立」といいますが、それを超えた問題もあると思います。結局のところ教育とは、自分のもっているものを伝えたいという部分と、自分はこういうことを問われていると自覚する部分があると考えます。

木村　介護職を育てる教育ということでは、介護福祉士の養成施設における教育者には現場経験5年以上が課せられています。教育者は自分の経験をもとに、基礎学力のある人々に対して、生活者としての関わり方、介護する能力を伝えることになります。これは、とても難しいけれど魅力ある仕事だと思います。教育とは、その人の資質や能力を育てることであり、さらに介護職としての能力を見抜き、足りないところをどう補っていくかも判断しなければなりません。教育者の人間的な能力がとても問われると思います。

白井　自分の得た知識や技術を伝えることも大切ですし、人間性、倫理観を身をもって伝えることができる資質が必要になりますね。教育の場に介護現場そのものをもってきても、それは職場のOJTであって、学生には理解できません。

　学生にその原理原則をどう伝えるか。介護そのものの本質をしっかりとつかみ出し、教える力が必要になります。何よりも教育者が「現場ではこうだが、それで本当によいのだろうか」と問える人、自分を振り返る力のある人であってほしいと思います。

黒澤　工学部や理学部の学生には数学の力、語学部の学生なら外国語の力が必要ですね。そこには学問体系が存在します。しかし、介護での学習の下地はこれまで生きてきた生活経験であり、それをベースにし

介護福祉指導教育推進機構 特別座談会

ながら、いかに人を助け、自分も成長していくかということなので、学力や偏差値の違いはそこに入ってきません。毎日が学びですし、障害のある方や高齢の方から学び取ることが実感として喜びとなる。その意味では、すべての学生が可能性をもっているといえます。「これができなければダメ」ということではなく、人間としての可能性を求める仕事だと思います。私は学生に対して、「今はいろいろあるけれど、将来は立派な介護職になってほしい」という願いを常にもっています。でないとやっていけない。介護教育はそういう人間の願いが込められた領域であり、そこが非常に人間的な部分だと思います。

黒澤貞夫代表理事

木村 介護教育では人と人との関わりを学んでもらうので、利用者にはいろいろな方がいて、それを踏まえたうえでの関わり方を学んでいかねばなりません。相手の性格があり、自分の性格があり、相手の生活歴があるというように、非常に複雑なことを学ぶわけです。学生の中には18歳の人もいれば、30歳代、40歳代、50歳代の人もいます。その方々を対象に教育者がどう関われるかが重要なことだと思います。

(2) 今の若者を理解し、利用者への共感を伝える工夫が必要

黒澤 現実の問題として、18歳の学生に80歳の高齢者の気持ちを理解することができるでしょうか。教える側は理解させたいと思って教育しているでしょうが、実際にはどうでしょう。

白井 座学では難しく、実習がとても大事です。ただ、最近は学ぶ人の

3 介護における教育者像

「人としての感性」が落ちているように感じることがあり、理解してもらうことに時間がかかると思っています。感性がないわけではありませんが、若い人は生活体験が少ないうえに、少なくとも本校に来る今の子は目立つことが嫌いですし、他人より上にいきたいという競争心も見られません。

けれども、人と関わることは嫌いではないし、自宅で介護してくれているヘルパーさんに憧れたというように、昔よりも動機は明確ですし将来像も見えています。ただ、自分を見つめる目、相手と自分はどうして違うのか、相手はどう思うのかということを考え、理解するのが苦手なのではないかと思います。ただ、可能性は秘めていて、この仕事をやりたいという気持ちもあります。ですから、教える側が磨き方をうまくやらないと、その子は光り輝いてこない。その「磨き」に時間がかかると感じています。

本校には18歳の子たちが集まる学部と、いろいろな年代の学生が集まる学部があります。いろいろな年代のほうは日々カルチャーショックがあり、お互いに「なるほど、そういうこともあるのだ」と思うことがあり、「私は違います」と違う見方をする人もいます。でも、18歳の集まりは高校の延長のようなもので、1つを見てみんなが「そうだね、そうだね」と言って終わってしまう。同じ年齢の学生だけだとなかなか成長が難しいかもしれません。また、介護福祉士をめざし本校に入学する学生達はいじめっ子よりはいじめられっ子タイプで、優しいし、「あまり出しゃばるとまたいじめられる」という思いを抱いている子が多いと感じます。そういう子たちに、人としてどう介護の仕事をしていくかを教えなければならないので、これからの教育者は大変だと思います。

黒澤 感性とは、本来は「気づく」ということですよね。「気づく」ことについて、ある精神科医は妄想や幻覚のある人を「察する」ことだと言っています。介護に携わる者も気づくこと、察することが大切で

す。それをいかに教育するかが基本でしょう。私が教えるときには、「皆さんは悲しい思い、つらい思い、差別された思いをしたことがあるでしょう。そういうときにどういう人がそばにいてくれたら、どういう話をしてくれたら、元気になれますか？」と問いかけます。学生が自分の生活体験に照らし合わせて、高齢者が冷たくされたり、差別されるという状況は、若い学生の体験とまるきり違うものではない、というように展開していきます。すると学生も「どういう人がそばにいてくれたらよいか」と考えるようになります。

木村 自分自身のことはわかりにくいものですし、今の若い人は昔と比べて人と人との関わりが希薄なように見えます。1つのテーマを投げかけるにしても、グループで意見を出し合いながらやっていくのがいいのではないでしょうか。そこに1人、大人がいてアドバイスしてくれれば理解力が深まると思います。

白井 これからの教育は一方的なやり方ではだめで、いろいろと考えていかなければなりません。よい感性を引き出すための工夫が必要だと思います。

2 教育者に求められる倫理

(1) 学生を伸ばすために、まず自らを振り返る

黒澤 次に教育者の倫理についてですが、これは今まで本格的に論じられていません。倫理の根本は何かと考えるに、教育者が「自分自身の学生に対する姿勢や態度はどうだろうか？」と、自分に問いかけることではないかと思います。そうした問いかけがないと人は傲慢になります。介護施設でも「私は現場で15年やっているから何でもわかっています。私についてきなさい」というような人がいますね。しかし、優れた介護職員であれば、15年やっていても「私のやり方はこれでよかったのかしら？」と反省し、自らに問いかける姿勢をもっています。それと同様に、教育者にも自分自身に対する問いかけが求められ

3 介護における教育者像

ると思います。

　「こうすべきである、こうすべきではない」という「べき」論はそれとして、倫理の根本は学生の立場に立って教え、学生のことを考えてきたかどうかを振り返る教育者であることだと思いますね。

木村　同感です。学生の潜在的な能力を上手に引き出せる人がよい教育者だと思います。そのためには学生としっかり向き合わなければなりませんし、学生の個性のどこを伸ばし、どこを改善してほしいかを伝える能力も求められると思います。授業で関わることよりも、実習で利用者と関わりながら指導者が示していくことが大切でしょう。

白井　先日、柴田先生（柴田範子理事：編集部注）と一緒に、初任者研修のための実技指導をする人たちの研修を4日間行いましたが、そこで興味深い経験をしました。あるグループにいる32歳の男性で、すでに指導的な立場にある人ですが、ちょっと問題がありました。人の話を聞くときの態度が悪く、実技ではおちゃらけているのです。でも、「こうしたほうがいいですよ」というとすぐにわかってくれて感性はよいのです。私たちは「これは、職場で誰も言ってくれる人がいないからだろう、このままではあの人はつぶれてしまうから、どこかで注意しましょう」と話し合いました。柴田先生と私が「あなたの態度はよくないですね」と言うと「あ、そうすか」と腕組みをしている。「それもダメね。あなたは自分が素晴らしいと思っているでしょうけれど、そのままではこの先、上に行けないから、今から変えなさ

白井孝子理事

い」と助言しました。

　彼は体も大きく、介護が天職と思って特養（特別養護老人ホーム：編集部注）、老健（介護老人保健施設：編集部注）、病院、訪問介護を経験してきたそうです。それだけに自信があるのでしょう。でも教育の場に身を置いていなかったから、導く人がいなかったのです。柴田先生と「あなたはみんなに見られているのだから、服装も態度も注意しましょう」と話したら、彼は「今までそんなことは誰にも言われたことがない、人はそう見ているのか」と言っていました。4日目にはずいぶん態度も改まっていて、教育とはこういうものかと思いました。つまり、いくらよい感性があっても自分だけでは自分を磨ききれないのです。そこによい教育者がいればその人は伸びることができる。実際に彼は「この研修に来てよかった」と言っていましたし、感性はよいのでこれから伸びるでしょう。現場経験だけでなく、指導してくれる人と関わることはとても大切だと思います。

(2) 品格を備え、人間の尊厳と自立を教えたい

黒澤　「教育者は教養のある社会人たれ」といいますね。教養のある社会人とは、人格と知性が備わっているということです。鈴木大拙の『禅の研究』という本の中に「宗教はなぜ広がったか。経典も大事だが、それを教え、伝える人が立派だったからだ」とあります。キリストやその使徒、釈迦を人々が信じたのは、彼らに品格があったからといいます。ここでいう品格とは、一般の社会人として求められる教養、振る舞い、そして教育者としての知性であり、教育者はこれが備わるように努力するべきだと思います。教育者がそういうものをもっていないと、学生に影響を与えることができません。「豊かな教養のある社会人として何を勉強すればよいのか」という質問がありますが、結局、教養とは、人が人に対するときの態度のありようではないでしょうか。こういう態度を取ったら相手が不愉快になるだろう、悲しいだろう、

3 介護における教育者像

あるいは逆に生きる意欲をもつようになるだろうという気遣いがないといけないですね。

　教育者には個人の努力だけではなく、社会の要求に応えなければならない部分もあります。国家や社会には、教育者に対して「こういうことを教えてほしい」という願望があります。教師に知ってほしいのは、その願望とは何か、ということです。それは「人権思想」です。私は重度障害者の仕事に長く就いていたので、障害者に対する差別の問題にはずいぶん関わってきました。就職にしろ、いろんな問題にしろ、教育者としてどういう態度で障害者に生きる勇気をもたせるのか。難しいことです。教育者として教えるために、近代社会では人間が人間に対する態度をどのように考えてきたのかを勉強してほしいと思います。「人間の尊厳と自立」は介護に限らず人間の願望であり、世界人権宣言（1948〈昭和23〉年、国連総会で採決：編集部注）にも諸外国の憲法にも述べられています。その考え方は普遍の原理です。実際に重度障害者に関わったときにその思想をどう展開していくかを、教育者は勉強していなければなりません。

　人間が人間に対する態度は、まず教育者自身の学生に対する態度で表現すべきだと思います。絵に描いた「人間の尊厳と自立」を講義するのではなく、学生の尊厳と自立をどう考えて接していくか、ということです。学生が実習に行って利用者にどういう態度で接するのがよいのか。そのことを身をもって伝えられる教育者であってほしい。いかに良質の教育者を育てるかについて、厚生労働省もそこまでは言っていませんが、それが求められていると思います。

白井　確かに介護教員講習会の教育カリキュラムでは、そのへんが抜けているというか、あるけれど伝わらないと言うべきでしょうか。

木村　響く人には響くと思います。問題は響かない人にどうするか、ということでしょう。コミュニケーション能力の大切さをわかりやすく伝えるにはどうすればよいのか、真摯に学んでいる教育者がいるでし

ょうか。根本的なことは「自分たちが教えていることが本当に相手に伝わっているか、それを自分に問いかけているかどうか」でしょう。

白井 相手が理解し実践できるような教え方をしているか、でしょうね。あるとき新人の教育者が「介護職として品性のない学生に教えて効果があるのか」と発言しました。「この子たちにはわからないから、介護職として現場に出してはいけない」と。すると「そんなことを言ったら誰も介護職員になれない、まずあなたはどうなの？」という反論がありました。新人にしてみれば思ったことを素直に言っただけなのに、なぜ総スカンになるのかわからなかったのでしょう。介護教員として教育現場に戻ってきても、最初は誰でも自分の尺度でしか見えないもので、だんだんと見えるようになるのかなと思います。

(3) 相手に寄り添うことの大切さを語る人になれるか

黒澤 今の話で「品性のない人に教えてどうなのか」という問いがありましたが、逆に知的水準の高い人だと、共感することは難しいかもしれません。頭のよい人は「共感とは人の気持ちをシェアすること、洞察とは人の気持ちを見抜くことでしょう、だからどうしたというのです？」と言います。頭が良いから定義でわかってしまう。そういう話を聞くと私はがっかりします。

共感するとは、頭でわかることではありません。障害のある人に「黒澤さん、あなたは目が見えなくなったことがありますか？ 私は急に目が見えなくなり、絶望しています、あなたには私の気持ちがわかりますか？」と問われたときに「わかっているとは言えないけれど、一生懸命わかろうとしています」と答えました。難病を抱えた人の気持ちをわかろうとがんばってケアしているのであり、一生かかってわかろうとすることが大切なのです。けれども頭のよい学生は知的に考えるから、それがわからない。

人と人の関係はそういう知的なものではありません。コミュニケー

3 介護における教育者像

ションとは頭でわかることではなく、その立場に身を置いて、苦しみ、悲しみをわかろうとする、その努力でしょう。残念ながら、そういう努力を必要とする職業はあまりないのですが、東日本大震災のときに限らず、世の中にはそういう人が必要です。理屈を言うのではなく、寄り添って相手の気持ちをわかってあげられる人。そのほうがはるかに大事です。介護という相手に寄り添う仕事をする人に向かって、教育者はまずそれを伝えてほしいです。

木村 そうですね。自分自身を肯定できるかどうかも大切だと思います。ずっと優秀で育った人たちは自分を肯定していますが、介護の領域にはそうではない人が大勢来てくれるので、介護の仕事を学ぶことが自分を肯定するきっかけになればいいと思います。人間と人間の関係は本当に素晴らしいものであり、それが形成されているから社会が成り立つということも伝えてほしいです。

EPA（経済連携協定）で海外から来ている介護福祉士候補者は「日本に来て介護の仕事をしたかった」「日本に来られて幸せだ」と言います。「ほかにやることがないからここに来た」という日本人とは、学ぶ姿勢が違う。でも、教師としてはどちらにも教えていくわけで、若い人に「やっぱりこの仕事がよかった」と思うようになってほしいですね。あるインドネシアの人が介護の仕事について「介護の3Kとは健康、共感、工夫」だと言ったということを聞きました。そこまで理解して日本語

木村久枝理事

で言えるのは、すごいと思いました。

黒澤 カリキュラムとか資格の取り方だけでなく、今のように例を挙げて人間を語り、生活や人生を語る人がほしいですね。学生には社会人も若い人もいますが、国際化時代の人類の願望がありますから、ぜひ伝えたいという願いをもって誰かが語らないと伝わらないと思います。

　教える立場にある人には「皆さんは語っていますか」と問いたいですね。絶望や不安の中で老後を迎え、病をもった人にどう接していますか。老いや難病は治せないけれど、健康管理として寄り添ってともに旅をする人が必要であり、介護職とはそういう仕事だと。それを語れない教育者は、語っている人のところに勉強に行ってほしいです。

白井 私たちが若かった頃は先輩がいろいろと語ってくれました。そのときは何だかわからなくても、後になって「あのとき聞いた話はこれだったのか」と納得できることがありました。ただ、最近の子は語られても忘れているかもしれません。キュリー夫人がこうだ、エジソンはこうだと話しても、今の子には伝わらないでしょうね。それでも語る人は必要だと思います。先ほどのEPAの介護福祉士候補者は人と人のつながりを大切にしていましたが、今の日本でそれを語らないと、せっかく教育しても何かが変わってしまうと思います。

黒澤 人間を語り、人生を語ることは、思想を語ることです。今は科学技術やパソコンの時代で、思想という学問は日の目を見ませんが、教育の場面では人間と人間の関係がありますから、教師には語るべきものがあるし、それを勉強してほしい。誰かが書いた教科書をそのまま与えるのではなく、その背景にある哲学を語ってほしいです。

3 理論と実践の融合を目指して
(1) 理論を伴う実践の必要性

黒澤 教育は、理論と実践の融合であるといわれます。実践とは、生活の場であり個別性ですから、一人ひとりの生活の場に向かい合い、考

えることです。理論とは、誰にでも共通する問題を考えることです。それは普遍です。人間の尊厳という万人のテーマを実践に移すときにどのように伝えるか。教科書にはその意味が並んでいますが、少し難しい。たとえば「自立に向けた食事介護」という言葉があります。そこで、嚥下困難者に対する自立への介護となるとどうでしょう。介護は個別だが、自立に向けたという概念は人間に共通です。そこで理論と実践の両方をどう学んでいくか。介護の基本となる初任者研修では圧縮して教えなければいけない。理論と実践の融合という意味で、教育者はどういう態度で臨めばよいでしょう。

木村 具体例で話したいと思います。たとえば、食べるという項目に対して「こころとからだのしくみ」で、人間の解剖生理学的なことを教え、介護過程でアセスメントや計画立案を考え、生活支援技術で実際に食べるとはどういうことか、そのときの姿勢はどうか、飲み込むと喉はどうなるか、高齢者がどう食べているかを演習し、介護実習で介護職員はどのように支援しているか、声かけしているか、というように一連の流れで教えていきます。さらに、学校に戻ったら「尊厳とは何か、自立とは何か」を考え、その人のそれまでの生活はどうであったかをもう一度振り返る、というように教えています。

黒澤 理論で教えたことを現場で実践してみて、また理論を教え、循環的に身につけるということですね。

白井 理論が何もなくて実践だけでは、ただのノウハウになってしまいます。「なぜそれがあるのか」「自立支援はなぜ必要か」「体のしくみは」などを学びます。でも現場に行くと、食べられない人の状況は違う、ではどうするか。実践の場で考える力を養うことによって、将来の発展度が違ってきます。理論が伴うから実践が発展していくと思います。理念とか原理原則がないと、それが本当によいのか、何をもって評価すればよいかわかりません。その根本をしっかりと伝えるのが教育だと思います。でないと、現場に行ったときに「どう拘束をするのがい

いか？」ということになってしまう。理論を学んでいれば「本来は拘束はいけないことだから、どうやって外すかではないのかな、何か違うぞ」と考えられます。理論がないと、身体拘束に疑問を感じないかもしれません。

黒澤 そうですね。安全は重要ですが、身体拘束はなぜいけないのか、そこに人間の価値観がある。介護技術は常に利用者と向かい合ってのことですが、その意味は理論に基づくものです。「人間性が尊重された快適で安全な介護を受ける」という理論。その両方を上手に教育することが重要ですね。

白井 現場でのOJTをそのまま教育の場にもってくる教員には、原理原則をもう少し教えてくれるようにお願いしたいですね。学生が現場で適切に介護するためにも、理論が必要だと思います。

木村 理論と実践を考えると、現場の実務経験3年で国家試験に合格すれば介護福祉士になれるというのは、少しおかしいと思います。やはり看護師や医師のように、養成施設でしっかりと理論も実践も学んで現場に出てくるというルートに一本化しないと、本当に応用だけを経験して蓄積した人が教育者・指導者になっていくのは怖いことだと思います。

白井 その2本立てでいくから、教育者の中にも「現場が大事」と言う人もいます。確かに現場で方法は学べるけれど、方向性は違うと思います。

(2)「なぜ」を考えるところに、介護の専門性がある

黒澤 介護は、方程式では解けない問題です。利用者をお風呂に入れたいが本人は入りたがらないとか、糖尿病で食事制限が必要なのに本人は「寿命が短いから好きな物を食べて死にたい」と言う、というように、介護では「AだからBである」とはなりません。人間には生きる意欲や主体性がある、それをハタと考える。その考える力を教育者が

3 介護における教育者像

どう伝えるのか、教育者自身が考える力をもっていないと伝えることもできません。考える力、向き合う力は、どうしたら身につけられるでしょうか。この場合はこうしなさいという原理原則はないわけではないが、その人の意思や人生観を含めて考えないと、本当の介護にはならないでしょう。

　医師は患者に即応した治療をしている。介護も「どうすればこの人にとってよい方向になるか」を考える、これはとても創造的なことだと思います。だから介護という仕事は奥が深いし、大きな喜びを感じる仕事なのではないでしょうか。

白井　実務経験3年の指導者になる人たちが、介護過程を学生と一緒に考えると、ケアプランの弊害でしょうか、情報あって根拠なしのプランになっています。「なぜこの人にはこうなるのか」がとても希薄な気がしています。ある先生から「介護過程のしっかりした実践施設を教えてほしい」と尋ねられたのですが、いろいろ聞いてみても見つかりません。情報もしっかり取っていて計画も立てているけれど、「なぜ」の部分を文字にしていません。その先生はある検討会で介護過程について話すそうですが、ほかの先生にも聞いたけれどどこも思いつかないというのです。

黒澤　考える力がないということですか。

木村　考える力がないというよりも、分析が苦手な人が多いですね。頭ではわかっていて言葉では言えるけれど、文章にできない。それで面倒になって省いてしまうようです。

白井　「なぜ?」と聞くと、彼らも考えているし言葉にできるけれど書いていない。学校ではその繰り返しを行っていますが、現場ではやっていません。文字化することが苦手なのだと思います。昔は介護の専門性は何かと言われ、介護過程にしか表れないこともあったのですが。介護過程では「なぜこうなるか」があり、利用者の希望があり、それとこれをあわせて考える。たとえば、糖尿病で好きな物ばかり食べる

と合併症が出る、けれど食べたい。食べたいという意欲をどこまで満たしながら健康管理・維持ができるかを考えるわけですね。「こういう理由があるからこういうプランになる」ということであればよいのですが、それがないと専門性が見えません。

黒澤　医師の診断書は数値化されており、有無を言わせない説得力があります。介護過程は複数のデータをもとに、どのようにその人の生活を支えるのかを判断します。判断が論理的であればよいのですが、医師の診断書のようにエビデンスがあり、科学的な説得力があるものとは異なり、いかに生きるかは方程式ではない。そこに介護福祉の論理性、思想的な根拠をもった説明があり、データをどう判断したかという専門性があると思います。

　学問の世界ではAという証拠があり、Bという違う証拠が出るとすればそこを検証するのが学問だといいます。たとえば、カラスは黒い鳥だというのがAだとします。しかし、どこかに白い鳥がいるかもしれない。白い鳥がいればBになり、Aを反証することができます。介護でいえば、違う意見があれば、たとえば家族から出してもらい、利用者、家族の意思も含めた可能性の判断をします。介護という学問は哲学的な領域をもっていますから、自然科学の数量によるものと一緒にするのはどうかと思います。ただ、日本の学会にはそれを論じる人々がいて、専門性を語り合う機会が必要と思います。

白井　現場ではいろいろなことがありますが、学問的な専門性としてはまだ表れてきていません。

黒澤　文章が多少違っていても考え方が合っていればいい。問題は考え方であり、エビデンスの取り方なのです。

白井　介護には「なぜ」があり、そこに専門性がある。それがぼやけるから教師もいろいろ考えて迷ってしまうのではないでしょうか。

黒澤　専門性について今は審議会などでも話し合われますが、カリキュラムでも今のようなことにもっと関心をもつべきですね。

3 介護における教育者像

木村　介護過程が教えられれば、よい教育になると思います。思うに、介護過程は看護計画から来ており、それが介護に合っていないのではないでしょうか。今の様式などを崩さないといけないと思います。

白井　あれは思想だから、流れは今のままでよいと思います。情報があり、分析し、計画し、実践してダメならまた検討するという流れですね。ただ、アセスメントシートは問題ですね。

木村　アセスメントシートも工夫して、いろいろなやり方があってよいとは思いますが、長期目標、短期目標はどうでしょう。あれはまさに看護からきていますよね。たとえば、うつの人が社会に出て働きたいとしたら、働くことが長期目標であり、そのためにまず薬を飲む、うまくコントロールできたら社会に出られるように次のステップに進む、というようになります。でも、施設に入居されている方の長期目標とはいったい何でしょうか。それを問われると、QOLがどうとか、楽しく過ごすとか、決まりきったことしか言えなくなります。そのためにどうするかと考えたとき、短期目標であれば食事、排泄、入浴などで考えられ、生活支援につなげることができます。

白井　私は短期目標、長期目標は重視せず、学生には「利用者本人の希望を踏まえてどうしたいのか」ということに重点を置いています。

黒澤　たとえば「いきいきと暮らす」というのは、介護職にとって十分条件です。それは本人が考えることであって、介護計画の長期目標という学問的な思想を深く議論していない。課題分析にしても分析で分けられないものがありますよね。不安の理解と対応は分析のみではなく関わりの問題です。関わりの中から生きる勇気を持つというような、分析を超えたものが求められます。

(3) 心を開いて生涯学び続ける教育者になる

黒澤　では、これまでの話をまとめます。
　　　教育者像については、人間的、人格的な自己涵養（かんよう）が必要であること

を話し合いました。学生に関わる態度については、自らを省みる基本的姿勢が大事ですね。学生に教えるとともに、学生に問いかけ、考えを表現してもらいながら、さらに展開していく。そこで学生の可能性、もっている力や個性を信頼することが大事、という話をしました。

　それから、実践を離れて教育はできない。利用者の生活スタイルにおける実践とは何か、それは一人ひとりの生活を考えなければいけないということですね。そこに理論、学問が必要という話をしました。

　最後に、「考える力」という点では、理論と実践をどう組み合わせるか。これは現在の介護の世界でも十分に結論は出ていないし、介護過程についてもいまだに混迷の状態にあるということですね。教育者像がそれを一挙に解決するとは思いませんが、新しい時代を迎え、新たな介護像をつくるためには、教育者自身が原点に返って勉強する、心を開いていろいろなことを受け入れる柔軟な態度が必要ではないでしょうか。心を開いて他者の話を聞いたり、これからの時代にふさわしい学問にどう向き合うか、教育者の努力する姿に期待したいところです。

木村　私自身について言えば、人間の幅が広くて魅力のある教育者になりたいですね。

黒澤　私は「こうなりたい」という人が好きです。「私はこうです」と断言する人もいますが、それよりも「こうなりたい」のほうがいい。

白井　日々新たな変化があるので、私もまだまだと思っています。

黒澤　それでは、教育者とは生涯発達と言ってよいでしょうか。

白井　そうだと思います。学生に理解してもらうためには、方法論を変えなければ伝わりません。その方法論の中心にあるのは、介護の原理、原則という本質であり、これは大きく変化するものではないのですが、相手の状況を知りその状況に合わせた教え方を展開できる力のある教師が求められます。学生が聞いて「よかった」「わかった」と思えるように、教師が一生懸命に努力しなければならないと思います。

3 介護における教育者像

黒澤 私自身も20代は未熟で、いつも何か向かい合うことにさらされ、絶望したり、悲しんだりしてきました。それを繰り返し、生涯発達を繰り返しながら、現在の自分になったと思います。まさに自己変革の80年です。その中で最も影響力があったことは二つです。一つはやはり利用者から学ぶこと、もう一つは世界的な思想潮流の変化です。たとえば、昔はノーマライゼーションやICFという言葉はありませんでした。世界の流れによって、日本は大きな影響を受けてきました。後輩たちにも、利用者から学ぶとともに、国際的な医学、宗教など他の分野の流れにも貪欲に関心をもち学び続けることによって、自己変革を続けてほしいと思います。

白井 学生のもつ力を信じることは難しいことですが、これがいちばん大事ですね。学生の中には、遅く開花するであろう人もいるので、それを信じられるか。裏切られたら少し離れてみて、それから「進歩したのね」と言えるかどうか。学生がわからないのは自分の教え方が悪いからだ、伝わらなければダメだと振り返り、方法を変えていく姿勢を忘れないことも大切ですね。

木村 同感です。そういう教育者でありたいですね。

黒澤 本日はありがとうございました。

座談会を振り返って
未来に拓く介護福祉教育

木村久枝（品川介護福祉専門学校介護福祉学科教務主任）

□ 介護福祉教育の現状

　今日の介護現場をめぐる問題は、従来からいわれている離職率の高さや人材不足などにとどまらず、新たな様相を呈しています。それは、介護現場に多様な教育歴・職歴を有する人や他国籍の人たちが登場しているということです。その結果、介護の現場ではコミュニケーション能力のばらつきや、サービスの質の違いなど、新たな課題を生み出しています。

　また、現時点では介護福祉現場で働く介護職員は、看護師や理学療法士などのように、業務に関して資格のある者だけが従事できる業務独占ではありません。そのために介護福祉に関する知識や技術がなくても介護業務に従事することができます。そのような状況で、介護人材の増加の必要性とともに介護の質の向上が問われ、専門職としての高い資質が必要とされています。そして、これまで以上に対人援助者として、豊かな人間性（感性）をもった介護福祉職の育成を目指さなければなりません。

　それでは、現状における介護福祉教育はどのように行われているのでしょうか。「介護福祉士」という国家資格が誕生し約30年が経過しました。この資格を得るためには、1～4年生の介護福祉士養成施設（保育専門課程含む）を修了する、または、現場経験3年を経て国家試験に合格しなければなりません。

　全国に400校ある養成校では、これまでに約30万3,000人の卒業生を社会に送り出しています。

　教育内容は、介護保険制度や自立支援など高齢者介護の新たな理念に対応するため、その教育体系が再編され1800時間となりました。その

内容は、①介護実践の基盤となる教養や倫理的態度を養う「人間と社会」、②人間のからだやこころを理解する「こころとからだのしくみ」、③生活を自立支援する技術などを学ぶ「介護」の3領域で構成されています。

　一方、現場経験から実績を積む人たちの教育・研修の多くは、職場である施設や事業所で行われています。

　2012（平成24）年度の介護労働実態調査（介護労働安定センター）では、教育・研修計画を立てているのは約60％で、特に採用時の教育・研修を充実させているという結果が出ています。その教育・研修内容は、介護技術・知識が約80％で、次いで事故時の応急処置などの安全対策、接遇・マナー、情報の共有、記録・報告などが続きます。

　また、多くの施設や事業所では、職場の先輩である施設長やチームリーダーが教育・指導にあたり、業務の一環として行われています。

　介護が実践の技術であるという性格をふまえ、養成施設の教師はもとより、施設や事業所の教育担当者にも豊富な現場経験が必要となります。しかし、介護実践の知識や技術があっても、人に教える技術はすぐに身につくものではありません。教育の知識や技術も、これまでの経験を活かし、日々、自己研鑽していかなければならないものなのです。

□介護福祉教育の方法　〜学ぶ価値を見出す〜

　介護福祉職を目指し養成校や職場で学び働く人達の年齢は、18歳から60歳代とさまざまです。

　そのようななかで若者についていうと、おとなしく自分の世界に閉じこもりがちで、「生きる力」「生活力」が年々弱くなっているように感じます。このような若者たちが生活を支援する介護福祉に興味をもってくれたことに感謝したいと思いますが、介護・福祉の職に就き、高齢者や障害者に自然と寄り添えるよう、どのような介護福祉教育が必要なのかを考えなければなりません。

また、50歳〜60歳代といった、これまでの社会経験や就業経験を活かしながら、未知の分野である介護福祉現場に足を踏み入れた人たちに対して、どのように介護福祉教育をしていけばいいのか考える必要があります。
　ここで北欧のフィンランドで行われている教育体制を紹介します。

□フィンランドにおける「内的起業家精神教育」

　「だれでも、いつでも、必要なことを」学べるフィンランドでは、幼いころから、成人までに自律・自立できるよう、個々の違いを尊重し個性を認める教育をしています。
　できないことや失敗することを恐れさせないために「対話による授業」が多く、前向きとなるよう評価は良いところを伸ばす指導をします。人は一人ひとり違い、多様な考え方があることを理解させることで、幼いころから自分と友達との違いを受け入れ、自然や生活の中で人と関わりながら自分探しを繰り返し成長していきます。
　そのように教育されたフィンランドの子供たちは、自分で考え判断する態度が培われ、OECD（経済協力開発機構）が進めるPISA（生徒の学習到達度調査：Programme for International Student Assessment）と呼ばれる、国際的な学習到達度に関する調査で毎回トップの成績をおさめています。
　この調査は、義務教育終了段階の15歳児がもつ知識や技能を、実生活のさまざまな場面でどれだけ活用できるかを見るものです。特定のカリキュラムをどれだけ修得しているかを見るものではありません。そこでは、思考プロセスの習得、概念の理解および各分野のさまざまな状況のなかで、それらを活かす力が重視されるそうです。この何事にもひるまず、果敢にチャレンジする精神が「内的起業家精神」といわれるゆえんです。
　介護福祉教育もこれにあてはまるのではないでしょうか。介護福祉の

未来に拓く介護福祉教育

　道を歩むきっかけは人それぞれでしょうが、「人の役に立ちたい」「人を幸せにしたい」と他人や社会のために何かをしたいと思っている人がほとんどです。

　この思いやモチベーションを維持し、さらに向上させることが教育に関わるものの使命や責務なのです。自分で考え実行するチャレンジ力や勇気、協調性や柔軟性、創造性や危機管理力といった「内的起業家精神」が身につくよう指導していくことが必要です。

　具体的には、まず、自己肯定感をもたせることです。自己理解や自己受容を進め、さまざまな体験を通して成就感や達成感を味わい、他者から認められることで、自分への肯定的な気づきを促すことができます。それには、グループワークでのシェアリング（振り返り）の場を設け、相互評価活動を行うのもいいでしょう。そうしたことから、自ら考え課題を見つけ、自分自身で問題を解決していく資質や能力が培われていくのです。

　そして、まだ見えていない介護福祉の世界を具体的に見えるようにすることが重要です。教師一人ひとりが得意とするこれまでの経験や知識を活かし、学生の潜在能力を引き出していきます。

　特に生活経験が乏しく、基本的生活習慣が身についていない学生には、介護福祉教育の基礎となる生活支援技術から、繙（ひもと）きます。自由に何でもできる人とそうでない人との生活感の違いを、個々の感性に粘り強く働きかけます。他人を思いやる優しさ、相手の立場に立った考え、共感することのできる温かい心は、たくましく生きるための健康な体力につながります。

　教育者が介護福祉職の魅力を存分に伝えれば、その資格を取ったのに働かないという、潜在介護福祉士の状況にも一石を投じることになるのではないでしょうか。

□教育力を高めるためには ～内面性を磨くこと～

　介護福祉教育において教育者は、さまざまな学生に対し一人ひとりの内面を洞察しながら、学生より高くより深い立場で見守りながら、支援していかなければなりません。しかも学生自身が主体的に学べるよう支えていくなど、いくつもの条件を同時に満足させることが必要になります。

　そのためにも教師は絶えず自らを振り返り、自分自身の奥深くにあるありのままの自分と対峙します。そして「今の自分を肯定すること」「幸福だと感じること」「教育者である自分を楽しむこと」により、初めて本当に必要な自信と余裕が出てくるのです。自分に自信や余裕のない人は他者をサポートすることはできません。

　いつも多くのゲストで賑わう浦安の有名テーマパーク、ここのコンセプトは「ファミリーエンタテイメント」だそうです。世代を超え、国境を超え、あらゆる人々が共通の体験を通してともに笑い、驚き、発見し、そして楽しむことのできる世界をつくり出しています。ゲストたちをエンタテイメント（楽しませる）することで、パークを訪れたすべての人に幸せになってほしいと願っています。その願いの実現に欠かせない大切な要素は、「笑顔」「コミュニケーション」「チームワーク」だといいます。そして、従業員は、いつもそれらを心がけているそうです。

　介護福祉の現場でも、グローバル対応や地域の活性化、少子高齢化という3つの大きな課題があります。これらの課題に対し、介護福祉教育として先を見据えた対応をしていかなければなりません。

　質の高い介護サービスを安定的に提供していける介護福祉職を育てることが、介護福祉教育に求められています。

　そのためにも、教育者自身、他者を寛容に受け入れる包容力と使命感、そして介護福祉に対する熱い思いと周りの人を楽しくさせる朗らかさが必要です。

　それらを得るには、美しいものや自然に感動するこころと柔らかい感

性をもたなければなりません。一人ひとりに対し、相対的感覚ではなく絶対的感覚で接していけるよう、教育者として生涯、成長しなければならないのではないでしょうか。

そして、自分ならではの特徴をもつことで、学生にとって印象を深くし、忘れがたいという人になってほしいのです。人間の幅が広い魅力ある教育者となり、実践的な指導力をもって、介護現場で戦力となる人材を育成することに全力を注いでください。

これからの人生が介護福祉教育という軸に支えられ、生きる力となっていくことを心より応援します。人を動かすのは人であるということを忘れずに。

理事及び座談会参加者プロフィール

黒澤 貞夫（くろさわ さだお） 代表理事

【略歴】

日本生活支援学会会長

1933年生まれ。日本大学卒業。厚生省（現・厚生労働省）、国立身体障害者リハビリテーションセンター指導課長・相談判定課長、国立伊東重度障害者センター所長、東京都豊島区立特別養護老人ホーム・高齢者在宅サービスセンター施設長、岡山県立大学保健福祉学部教授、浦和短期大学教授、弘前福祉短期大学学長、浦和大学学長等を歴任。現在、日本生活支援学会会長。

【主な著書】

『福祉に学び、福祉に尽くす―福祉実践・研究・教育の視点から―』中央法規出版、2013年、『人間科学的生活支援論（社会福祉研究選書）』ミネルヴァ書房、2010年、『生活支援学の構想―その理論と実践の統合を目指して』川島書店、2006年、『ICFをとり入れた介護過程の展開』（編著）建帛社、2007年、他多数。

川井　太加子　理事
（かわい　たかこ）

【略歴】

桃山学院大学社会学部社会福祉学科教授
看護師免許取得後、病院勤務を経て1995年に退職。同年桃山学院大学入学、99年卒業（社会福祉士免許取得）。2001年大阪府立看護大学大学院修士課程修了。国際医療福祉大学大学院修了（医療福祉学博士）。現在、桃山学院大学社会学部社会福祉学科教授。

【主な著書】

『医療的ケア（最新介護福祉全書）』（編）メヂカルフレンド社、2014年、『高齢者保健福祉実務事典』（共著）第一法規出版、2012年、『生活支援技術1基本編―介護―（最新介護福祉全書）』（編）メヂカルフレンド社、2008年。

※座談会は不参加

久保田 トミ子 理事

【略歴】

合同会社和の会代表

広島国際大学医療福祉学部教授

山口大学医学部附属看護学校卒業、99年佛教大学社会学部卒業。2003年長崎純心大学大学院人間文化研究科博士前期課程修了。1973～84年下関看護専門学校専任教員を務める。宇部短期大学生活福祉学科教授、宇部フロンティア大学人間社会学部教授を経て、新見公立短期大学地域福祉学科教授、現在、広島国際大学医療福祉学部教授。2012年に合同会社和の会を設立、代表に就任。

【主な著書】

『医療的ケア』（共著）中央法規出版、2013年、『介護職員等実務者研修テキスト第3巻 介護過程』（共著）中央法規出版、2013年、『介護過程』（共著）中央法規出版、2009年、『介護総合演習』（共著）中央法規出版、2009年、『生活支援技術3（介護福祉士養成テキスト）』（共著）建帛社、2009年、『生活援助のための介護の手引』（共著）中央法規出版、2001年、『介護福祉士国家試験14科目要点解説と模擬問題集』（監修）久美出版、2004年。

木村　久枝　理事
（きむら　ひさえ）

【略歴】

品川介護福祉専門学校介護福祉学科教務主任

人間総合科学大学大学院修士課程修了。日本大学駿河台病院、社会保険検診センター、私立高校衛生看護科専任講師を経て、日本福祉教育専門学校介護福祉学科学科長に就任。現在、品川介護福祉専門学校介護福祉学科教務主任。AOTS（HIDA）介護分野リテラシー研修講師。HIDAインドネシアフィリピンEPA研修事業看護専門講師。

【主な著書】

『介護各論③―認知症患者への支援、ターミナルケア―（介護福祉士国家試験対策基本テキスト）』（共著）日本医療企画、2012年、『2014年介護福祉士国家試験対策 オリジナル予想問題集チャレンジ360』（監修）日本医療企画、2013年、『2014年介護福祉士国家試験対策 図でわかる重要ポイント88』（監修）日本医療企画、2013年。

柴田　範子　理事
（しばた　のりこ）

【略歴】

特定非営利活動法人楽理事長／元東洋大学ライフデザイン学部生活支援学科准教授

全国小規模多機能型居宅介護事業者連絡会理事

川崎市保育園勤務を経て福祉事務所ヘルパーとして勤務。上智社会福祉専門学校専任講師、東洋大学ライフデザイン学部専任講師を経て、准教授。2004年特定非営利活動法人楽を設立、理事長に就任。現在、全国小規模多機能型居宅介護事業者連絡会理事、港区高齢者保健福祉計画検討委員、川崎市第6期保健福祉計画策定委員、介護福祉士国家試験委員。

【主な著書】

『実務ハンドブック付き！イラストでわかる介護職のためのきちんとした言葉のかけ方・話の聞き方』成美堂出版、2013年、『失敗例から学ぶ　介護職のためのコミュニケーション術』中央法規出版、2006年。

白井　孝子　理事
しらい　たかこ

【略歴】

学校法人滋慶学園　東京福祉専門学校ケアワーク学部教務主任

聖路加国際病院、労働省（現厚生労働省）診療所勤務を経て、江戸川区健康部にて訪問看護業務に携わる。現場と関わりながら1990年より東京福祉専門学校において介護福祉士養成に関わる。近年、介護福祉士国家試験委員・介護福祉士養成課程における教育内容等見直しに関する作業チーム特別委員等を務める。看護師・介護支援専門員。

【主な著書】

『医療的対応○と×（ポケット判 介護の○と×シリーズ）』中央法規出版、2013年、『介護に使えるワンポイント医学知識』中央法規出版、2008年、『介護総合演習《第2版》(介護福祉士養成テキストブック)』(編) ミネルヴァ書房、2014年。

林　諄　理事
（はやし　じゅん）

【略歴】
　株式会社ヘルスケア総合政策研究所代表取締役
　株式会社日本医療企画代表取締役
　石川県出身。1963年、神戸商科大学（現兵庫県立大学）経営学部卒業後、サンケイ新聞（現産経新聞）大阪本社入社。地方部、経済部、73年7月から東京本社にて通産、厚生省等担当を経て76年、企画委員に就任。78年、同社退社。現代問題研究会、内外問題研究所創設、代表に就任。80年4月、能登企画を創立（82年1月、日本医療企画に社名変更）、代表取締役に就任。93年10月、財団法人医療経済研究機構理事。2001年5月、ヘルスケア総合政策研究所を創立、代表取締役に就任。10年11月、一般社団法人日本医療経営実践協会理事、11年9月、一般社団法人日本介護福祉経営人材教育協会理事に就任、現在に至る。

松井　奈美　理事
　　まつい　　なみ

【略歴】

植草学園短期大学福祉学科教授

1986年に千葉県習志野市役所福祉課にホームヘルパーとして入庁。97年、東洋大学社会学部社会学科卒業。2000年、東洋大学大学院福祉社会システム専攻を修了。浦和短期大学福祉教育センター職員、同短期大学福祉科専任講師、新潟医療福祉大学社会福祉学部社会福祉学科講師、日本社会事業大学講師、准教授を経て、現在、植草学園短期大学福祉学科教授。介護福祉士、介護支援専門員。

【主な著書】

『同行援護ハンドブック―視覚障害者の外出を安全に支援するために―』(編著) 日本医療企画、2011年、『ソーシャルワーク実践へのいざない2』(共著) 日本医療企画、2012年、『ソーシャルワーク実践へのいざない』(共著) 日本医療企画、2011年。

瀬戸　恒彦　監事
せと　つねひこ

【略歴】

公益社団法人かながわ福祉サービス振興会理事長

1979年神奈川県庁入庁。93年から福祉部福祉政策課で高齢社会対策に関する各種調査、介護保険制度の立ち上げに従事。2001年に公益社団法人かながわ福祉サービス振興会事務局長に就任。2014年から理事長に就任。現在、シルバーサービス振興連絡協議会会長、一般社団法人かながわ福祉居住推進機構理事長、神奈川大学非常勤講師。

【主な著書】

『介護事業の基礎力を鍛える　コンプライアンス経営』日本医療企画、2014年、『介護保険事業所業務改善ハンドブック』(共著) 中央法規出版、2012年、『福祉サービスの組織と経営（新・社会福祉士養成講座11）』(共著) 中央法規出版、2010年、『居宅介護支援・介護予防支援給付管理業務マニュアル』(共著) 中央法規出版、2007年、『介護経営白書』(共著) 日本医療企画、2006年。

巻末資料

◆介護福祉指導教育推進機構について……………………… 94
　「一般社団法人　介護福祉指導教育推進機構」の設立趣意書の一部を掲載しています。本機構の事業内容や今後、展開する制度のイメージなどを紹介しています。

◆介護職員初任者研修　講師要件一覧……………………… 101
　介護職員初任者研修における講師の要件一覧として、東京都で発表されているものを掲載しています。

設立趣意

　介護保険制度は施行から十数年を経て、超高齢社会を迎えたわが国に必須不可欠な制度として定着しました。しかし、介護現場では慢性的な人材不足から脱却できず、今後さらに加速する高齢化の進展に向けて、量的確保が大きな課題となっています。

　また、認知症高齢者や医療依存度の高い要介護者の増加に伴い、介護人材の質的向上を図る教育研修の充実が不可欠であると指摘されています。

　こうした課題を解決するためには、多様な専門性をもつと同時に、介護福祉分野のスペシャリストとして相応しい人間性・社会性の豊かな教育人材を数多く輩出することが必要です。

　私たちは、介護福祉分野の教育指導者の養成・支援に資する取り組みを通じて、わが国の介護福祉サービスの発展に寄与することを目的に、介護福祉指導教育推進機構を設立することといたします。

　　　　　　　　　一般社団法人介護福祉指導教育推進機構発起人一同

主な事業内容

- 介護職員養成研修等の講師の養成及び育成
- 介護職員養成研修等の講師の評価及び認定
- 介護職員養成研修等の講師の職務能力の向上を図る講習、セミナー、シンポジウム等の開催
- 介護福祉分野の人材育成等に関する調査・研究・情報提供
- 介護福祉分野の人材育成に関する教材の企画・監修
- 介護福祉分野の教育研修を担う人材の紹介
- 会報誌等出版物の発行
- 電子出版物の提供
- その他、当法人の目的を達成するため必要と認める事業

法人概要

- 【法人格】一般社団法人
- 【名　　称】介護福祉指導教育推進機構
- 【設　　立】平成25年11月
- 【所在地】東京都千代田区神田東松下町17番地
　　　　　もとみやビル3階
- 【ＴＥＬ】03-3526-5531
- 【ＦＡＸ】03-3526-5532

役員 ［設立時理事（順不同）］

●代表理事：黒澤　貞夫（日本生活支援学会会長）

●理　　事：川井　太加子（桃山学院大学社会福祉学部教授）

●理　　事：久保田　トミ子（合同会社和の会代表）

●理　　事：木村　久枝（品川介護福祉専門学校介護福祉学科教務主任）

●理　　事：柴田　範子（特定非営利活動法人楽理事長）

●理　　事：白井　孝子（東京福祉専門学校ケアワーク学部教務主任）

●理　　事：林　諄（株式会社ヘルスケア総合政策研究所代表取締役）

●理　　事：松井　奈美（植草学園短期大学福祉学科教授）

●監　　事：瀬戸　恒彦（公益社団法人かながわ福祉サービス振興会理事長）

必要とされる介護職員養成講師像とは？

- 教育者としての使命感と介護に関する専門的知識・技術を有している
- 豊かな教養をもち、人間性・社会性を磨くための教育ができる
- 受講生の幅広い能力・背景と到達目標を理解している
- 介護現場の現状や社会における介護の役割を理解している
- 実践的な指導力をもって、介護現場で戦力となる人材を育成することができる

認定制度と紹介事業について

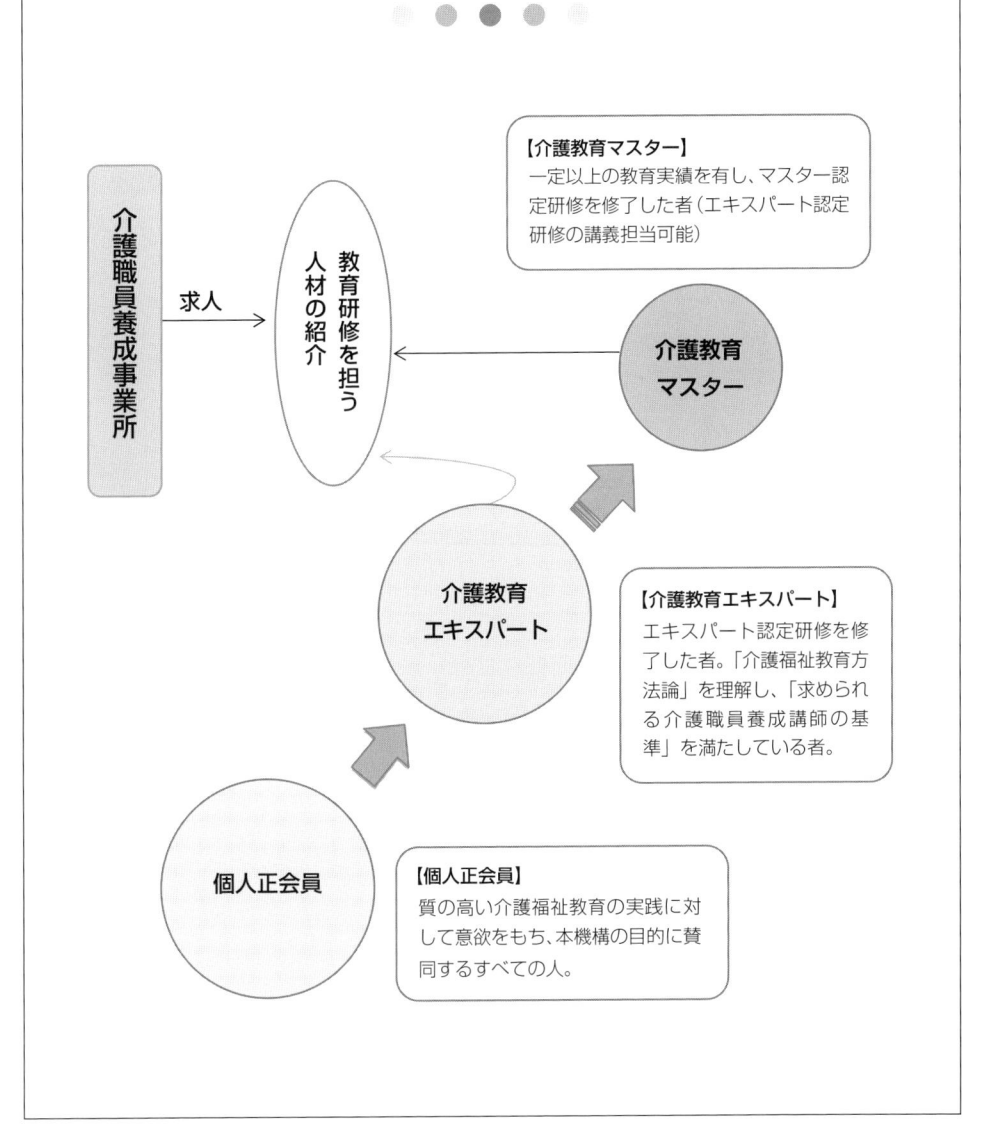

介護職員養成事業所 —求人→ 教育研修を担う人材の紹介

【介護教育マスター】
一定以上の教育実績を有し、マスター認定研修を修了した者（エキスパート認定研修の講義担当可能）

介護教育マスター

【介護教育エキスパート】
エキスパート認定研修を修了した者。「介護福祉教育方法論」を理解し、「求められる介護職員養成講師の基準」を満たしている者。

介護教育エキスパート

個人正会員

【個人正会員】
質の高い介護福祉教育の実践に対して意欲をもち、本機構の目的に賛同するすべての人。

講師育成・認定のイメージ

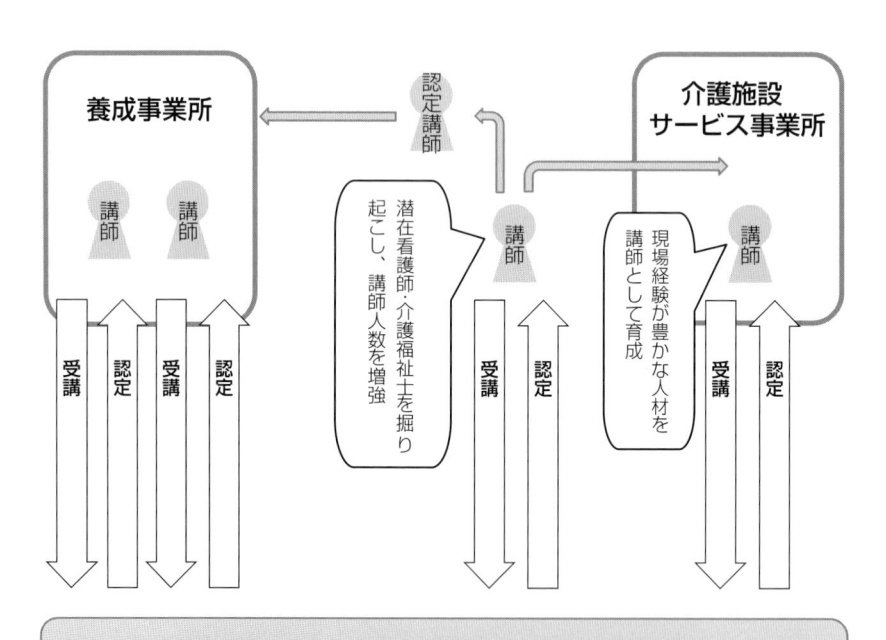

養成事業所
講師　講師
受講　認定　受講　認定

認定講師

潜在看護師・介護福祉士を掘り起こし、講師人数を増強

講師

受講　認定

介護施設サービス事業所

現場経験が豊かな人材を講師として育成

講師

受講　認定

介護福祉指導教育推進機構

介護職員初任者研修 講師要件一覧（『東京都介護職員初任者研修事業者指定要領』24福保生地第827号、2012（平成24年10月17日）より作成）

※演習と一体的に行うこと

項目	科目	講師の要件	求められる能力
1 職務の理解 （6時間）	(1)多様なサービスの理解 (2)介護職の仕事の内容や働く現場の理解	当該科目に関連した実務経験を有する以下の者とする。 ①介護福祉士 ②介護職員基礎研修課程修了者 ③実務者研修修了者 ④訪問介護員（ヘルパー）養成研修1級課程修了者 ⑤介護施設等で働いている又は連携をとって活動している看護師、准看護師、保健師 ⑥当該社会福祉施設に勤務する職員〔施設長又は管理者、主任指導員等〕 ⑦在宅福祉サービスと連携をとって活動している精神科医師、精神保健福祉士 ⑧介護・福祉系大学の学部・学科、介護福祉士養成校で当該科目に相当する科目を教えている教員 ⑨その他	○研修全体の構成・各研修科目相互の関連性に関する知識 ○保健・医療・福祉の制度とサービスについての具体的な知識 ○介護に関わる専門職種の職務内容の知識 ○介護業務に関する実務経験
2 介護における尊厳の保持・自立支援（9時間）	(1)人権と尊厳を支える介護 (2)自立に向けた介護	①介護福祉士 ②介護職員基礎研修課程修了者 ③実務者研修修了者 ④訪問介護員（ヘルパー）養成研修1級課程修了者 ⑤介護施設等で働いている又は連携をとって活動している看護師、准看護師、保健師 ⑥在宅福祉サービスと連携をとって活動している精神科医師、精神保健福祉士 ⑦介護・福祉系大学の学部・学科、介護福祉士養成校で当該科目に相当する科目を教えている教員 ⑧社会福祉士（(1)人権と尊厳を支える介護のみ） ⑨その他	○尊厳を支えるケアや生活支援の在り方等の知識 ○虐待防止、権利擁護、成年後見人制度等の知識 ○自立支援や重度化防止の視点に立脚した介護方法論

項目	科目	講師の要件	求められる能力
3 介護の基本（6時間）	(1)介護職の役割、専門性と多職種との連携 (2)介護職の職業倫理 (3)介護における安全の確保とリスクマネジメント (4)介護職の安全	①介護福祉士 ②介護職員基礎研修課程修了者 ③実務者研修修了者 ④訪問介護員（ヘルパー）養成研修1級課程修了者 ⑤介護施設等で働いている又は連携をとって活動している看護師、准看護師、保健師 ⑥在宅福祉サービスと連携をとって活動している精神科医師、精神保健福祉士 ⑦介護・福祉系大学の学部・学科、介護福祉士養成校で当該科目に相当する科目を教えている教員 ⑧社会福祉士（(1)人権と尊厳を支える介護のみ） ⑨その他	○介護職の業務内容に関する知識 ○チームケアに関する知識 ○介護職の職業人としての倫理・自己管理の知識 ○介護サービスに伴うリスクマネジメントに関する知識 ○介護職の健康管理に関する知識
4 介護・福祉サービスの理解と医療との連携（9時間）	(1)介護保険制度 (2)障害者総合支援制度及びその他制度	①社会福祉士 ②当該社会福祉施設に勤務する職員〔施設長又は管理者、主任指導員等〕 ③当該科目を担当する現職の行政職員 ④介護・福祉系大学の学部・学科、介護福祉士養成校で当該科目に相当する科目を教えている教員 ⑤その他	○各法に関する知識及び制度とサービスについての詳細な知識 ○特に、介護保険法、障害者総合支援法を中心とした最近の動向（制度とサービスに関する歴史を含む。）及びサービス利用に関する知識 ○各地域の制度・サービス現状の知識
	(3)医療との連携とリハビリテーション	①理学療法士 ②作業療法士 ③言語聴覚士 ④リハビリテーションを専門とする医師 ⑤訪問診療を行っている医師 ⑥介護・福祉・リハビリ系大学の学部・学科、介護福祉士養成校で当該科目に相当する科目を教えている教員 ⑦その他当該科目に関連する医療系職種の者	○リハビリテーション医療の知識 ○医療・看護と連携した介護方法論 ○リハビリテーションの地域連携に関する知識

項目	科目	講師の要件	求められる能力
5 介護におけるコミュニケーション技術（6時間）	(1)介護におけるコミュニケーション	当該科目に関連した実務経験を有する以下の者とする。 ①介護福祉士 ②介護職員基礎研修課程修了者 ③実務者研修修了者 ④訪問介護員（ヘルパー）養成研修1級課程修了者 ⑤介護施設等で働いている又は連携をとって活動している看護師、准看護師、保健師 ⑥在宅福祉サービスと連携をとって活動している精神科医師、臨床心理士、精神保健福祉士 ⑦介護・福祉系大学の学部・学科、介護福祉士養成校で当該科目に相当する科目を教えている教員 ⑧その他	○コミュニケーション技術に関する知識 ○高齢者、障害者（児）の心理に関する知識 ○介護に関わる専門職種の職務内容の知識 ○チームケアに関する知識 ○介護業務に関する実務経験
	(2)介護におけるチームのコミュニケーション	当該科目に関連した実務経験を有する以下の者とする。 ①介護福祉士 ②介護職員基礎研修課程修了者 ③実務者研修修了者 ④訪問介護員（ヘルパー）養成研修1級課程修了者 ⑤介護施設等で働いている又は連携をとって活動している看護師、准看護師、保健師 ⑥介護支援専門員 ⑦介護・福祉系大学の学部・学科、介護福祉士養成校で当該科目に相当する科目を教えている教員	

項目	科目	講師の要件	求められる能力
6 老化の理解（6時間）	(1)老化に伴うこころとからだの変化と日常	①介護福祉士 ②介護職員基礎研修課程修了者 ③実務者研修修了者 ④訪問介護員（ヘルパー）養成研修1級課程修了者 ⑤介護施設等で働いている又は連携をとって活動している看護師、准看護師、保健師 ⑥在宅福祉サービスと連携をとって活動している精神科医師、精神保健福祉士 ⑦認知症介護実践者研修修了者 ⑧介護・福祉系大学の学部・学科、介護福祉士養成校で当該科目に相当する科目を教えている教員 ⑨その他	○加齢と老化に伴う心身の変化、障害、疾病に関する知識 ○具体的な介護や生活援助事例に基づく医学的知識 ○高齢者の心理に関する知識
	(2)高齢者と健康	①医師 ②看護師、保健師 ③医学・看護系大学の学部・学科の教員 ④その他当該科目に関連する医療系職種の者	

項目	科目	講師の要件	求められる能力
7 認知症の理解（6時間）	(1)認知症を取り巻く状況	①介護福祉士 ②介護職員基礎研修課程修了者 ③実務者研修修了者 ④訪問介護員（ヘルパー）養成研修1級課程修了者 ⑤介護施設等で働いている又は連携をとって活動している看護師、准看護師、保健師 ⑥在宅福祉サービスと連携をとって活動している精神科医師、精神保健福祉士 ⑦認知症介護実践者研修修了者 ⑧介護・福祉系大学の学部・学科、介護福祉士養成校で当該科目に相当する科目を教えている教員 ⑨その他	○認知症の病理・行動の知識 ○認知症利用者への介護の原則の知識 ○具体的な介護や生活援助事例に基づく医学的知識 ○認知症を持つ利用者の心理に関する知識 ○認知症を持つ利用者の家族の生活実態と心理に関する知識
	(2)医学的側面から見た認知症の基礎と健康管理	①医師 ②看護師、保健師 ③医学・看護系大学の学部・学科の教員 ④その他当該科目に関連する医療系職種の者	
	(3)認知症に伴うこころとからだの変化と日常生活 (4)家族への支援	①介護福祉士 ②介護職員基礎研修課程修了者 ③実務者研修修了者 ④訪問介護員（ヘルパー）養成研修1級課程修了者 ⑤介護施設等で働いている又は連携をとって活動している看護師、准看護師、保健師 ⑥在宅福祉サービスと連携をとって活動している精神科医師、精神保健福祉士 ⑦認知症介護実践者研修修了者 ⑧介護・福祉系大学の学部・学科、介護福祉士養成校で当該科目に相当する科目を教えている教員 ⑨その他	

項目	科目	講師の要件	求められる能力
8 障害の理解（3時間）	(1)障害の基礎的理解	①医師 ②看護師、保健師 ③医学・看護系大学の学部・学科の教員 ④その他当該科目に関連する医療系職種の者	○介護における障害の概念とＩＣＦの知識 ○障害者福祉に関する知識 ○高齢者の介護との違いを踏まえた障害に関する知識 ○生活者支援の視点に立脚した介護方法論の知識 ○家族の生活実態と心理に関する知識
	(2)障害の医学的側面、生活障害、心理・行動の特徴、かかわり支援等の基礎的知識		
	(3)家族の心理、かかわり支援の理解	①介護福祉士 ②社会福祉士 ③介護職員基礎研修課程修了者 ④実務者研修修了者 ⑤訪問介護員（ヘルパー）養成研修１級課程修了者 ⑥介護施設等で働いている又は連携をとって活動している看護師、准看護師、保健師 ⑦在宅福祉サービスと連携をとって活動している臨床心理士、精神保健福祉士 ⑧介護・福祉・医学（心理系を含む）・看護系大学の学部・学科、介護福祉士養成校で当該科目又は当該科目に相当する科目を教えている教員 ⑨その他	

項目	科目	講師の要件	求められる能力
9　こころとからだのしくみと生活支援技術（75時間）	(1)介護の基本的な考え方 (2)介護に関するこころのしくみの基礎的理解 (3)介護に関するからだのしくみの基礎的理解 (4)生活と家事 (5)快適な居住環境整備と介護 (6)整容に関連したこころとからだのしくみと自立に向けた介護 (7)移動・移乗に関連したこころとからだのしくみと自立に向けた介護 (8)食事に関連したこころとからだのしくみと自立に向けた介護 (9)入浴、清潔保持に関連したこころとからだのしくみと自立に向けた介護 (10)排泄に関連したこころとからだのしくみと自立に向けた介護	当該科目に関連する実務経験を3年以上有する以下の者とする。 ①介護福祉士 ②介護職員基礎研修課程修了者 ③実務者研修修了者 ④訪問介護員（ヘルパー）養成研修1級課程修了者 ⑤介護施設等で働いている又は連携をとって活動している看護師、准看護師、保健師 ⑥介護・福祉系大学の学部・学科、介護福祉士養成校で当該科目又は当該科目に相当する科目を教えている教員 ⑦作業療法士、医師、福祉住環境コーディネーター、福祉用具専門相談員（(5)快適な居住環境整備と介護のみ） ⑧理学療法士（(5)快適な居住環境整備と介護及び(7)移動・移乗に関連したこころとからだのしくみと自立に向けた介護のみ） ⑨栄養士（(8)食事に関連したこころとからだのしくみと自立に向けた介護の中の食事及び栄養に関する分野のみ） ⑩歯科医師、歯科衛生士（(8)食事に関連したこころとからだのしくみと自立に向けた介護の中の口腔ケアに関する分野のみ） ⑪その他	○演習を指導する技術 ○介護業務に関する実務経験 ○生活者支援の視点に立脚した介護方法論 ○心身機能の低下に沿った自立支援の視点に立脚した介護技術 ○自らの介護事例 ○障害・疾病に関する知識 ○介護技術の根拠となる人体の構造や機能に関する知識 ○保健・医療・福祉の制度とサービスについての具体的な知識 ○家事援助の機能と基本原則の知識 ○住宅及び住宅改造に関する知識 ○福祉用具に関する最新の知識及び技術 ○栄養・調理・被服等家政に関する知識 ○ターミナルケアに関する知識 ○介護業務に関する実務経験 ※(6)〜(11)及び(13)、(14)の実技演習については、担当講師のほかに、実施細目4(4)に定める人数の補助講師が担当すること。 ※(1)〜(3)は合わせて10〜13時間とすること。 ※(4)〜(12)は合わせて50〜55時間とすること。 ※(13)、(14)は合わせて10〜12時間とすること

項目	科目	講師の要件	求められる能力
	(11)睡眠に関したこころとからだのしくみと自立に向けた介護		
	(12)死にゆく人に関したこころとからだのしくみと終末期介護		
	(13)介護過程の基礎的理解		
	(14)総合生活支援技術演習		
10 振り返り (4時間)	(1)振り返り (2)就業への備えと研修修了後における継続的な研修	当該科目に関連した実務経験を有する以下の者とする。 ①介護福祉士 ②介護職員基礎研修課程修了者 ③実務者研修修了者 ④訪問介護員（ヘルパー）養成研修1級課程修了者 ⑤介護施設等で働いている又は連携をとって活動している看護師、准看護師、保健師 ⑥当該社会福祉施設に勤務する職員〔施設長又は管理者、主任指導員等〕 ⑦在宅福祉サービスと連携をとって活動している精神科医師、精神保健福祉士 ⑧介護・福祉系大学の学部・学科、介護福祉士養成校で当該科目に相当する科目を教えている教員 ⑨その他	○研修全体の構成・各研修科目相互の関連性に関する知識 ○保健・医療・福祉の制度とサービスについての具体的な知識 ○介護業務に関する実務経験

☆原則として、講師は「講師の要件」に該当する職にある者又は資格保有者とする。ただし、「その他」の者を講師として申請する場合は、その経歴及び業績が講師として適当であることを説明した理由書を提出すること。
☆「求められる能力」とは、知識に関しては受講者の質問に対し的確に応答ができ、技術に関しては受講者に的確に指導できるレベルであることを必要とする。
☆一人の講師が担当できる科目数は、考え方や内容の偏りを防ぐため１研修当たり６科目以内とする。
☆各科目の講師要件に係る業務に従事していた時期は、過去５年以内であることが望ましい。
☆事業者が行った過去の研修生満足度調査及び自己評価において、著しく評価が低い講師を充ててはならない。

介護福祉教育原論
介護を教えるすべての教員へのメッセージ

2014年9月26日　第1版第1刷

- ●監　　修　一般社団法人介護福祉指導教育推進機構
- ●発 行 者　林　諄
- ●発 行 所　株式会社日本医療企画
  - 〒101-0033　東京都千代田区神田岩本町4-14
  - 神田平成ビル
  - 電話　03-3256-2861（代表）
- ●印 刷 所　図書印刷株式会社

ISBN978-4-86439-310-2 C3037　　Printed and Bound in Japan, 2014
定価はカバーに表示してあります。　　カバー写真：© dp3010 - Fotolia.com

本書の全部または一部の複写・複製・転訳載の一切を禁じます。
これらの許諾については小社まで照会ください。